语言艺术的魅力
——融媒体时代下播音主持教学思维运用研究

许雅琴 ◎ 著

线装書局

图书在版编目(CIP)数据

语言艺术的魅力：融媒体时代下播音主持教学思维运用研究 / 许雅琴著． -- 北京：线装书局，2022.2
　　ISBN 978-7-5120-4913-0

　　Ⅰ．①语… Ⅱ．①许… Ⅲ．①播音－语言艺术－教学研究②主持人－语言艺术－教学研究 Ⅳ．①G222.2

中国版本图书馆CIP数据核字(2022)第013465号

语言艺术的魅力——融媒体时代下播音主持教学思维运用研究

YUYAN YISHU DE MEILI RONGMEITI SHIDAI XIA BOYIN ZHUCHI JIAOXUE SIWEI YUNYONG YANJIU

作　　者：	许雅琴
责任编辑：	林　菲
出版发行：	线裝書局
地　　址：	北京市丰台区方庄日月天地大厦B座17层(100078)
电　　话：	010-58077126(发行部)010-58076938(总编室)
网　　址：	www.zgxzsj.com
经　　销：	新华书店
印　　制：	湖北诚齐印刷股份有限公司
开　　本：	787mm×1092mm　1/16
印　　张：	12.25
字　　数：	200千字
版　　次：	2022年1月第1版第1次印刷

定　　价：48.00元

线装书局官方微信

作者简介 AUTHOR

许雅琴(1981.01—)女,汉族,大学本科学历,毕业于内蒙古大学(新闻学专业毕业)。现任内蒙古鄂尔多斯市广播电视台文体交通广播主持人。主任播音员(副高职称),研究方向和专业特长为新闻学、播音与主持学、朗诵与演讲、普通话与方言,配音与广播剧等多重语言表达和致力于有声语言教学和发展。2001年1月参加工作多年来一直在一线从事采编播制、策划和组织等工作。播音主持作品和业务论文曾多次荣获国家级、省级各类奖项。多次带队参与国家级语言和文化类赛事、团队和个人均荣获各类奖项、为鄂尔多斯当地普通话推广和有声语言发展做出贡献。

前言 PREFACE

融媒体是随着网络科技的不断进步产生的一个新的媒体平台,它是在与传统媒体融合的基础上,再进行自我拓展的一种新型的媒体平台。传统媒体平台例如报纸、电视、广播、新闻等在信息的宣传、资源的整合以及人力的运用等方面都具有共性,但是又能够相互补充,融媒体充分抓住了传统媒体的特点,取长补短,形成"资源通融、内容兼容、宣传互融、利益共融"的特点。融媒体并不是像电视、广播等单独存在的实体媒体,而是将各种传统媒体进行整合的一种运作模式。当今信息科技飞速发展的时代背景,为融媒体的出现提供了科技条件,而报纸、电视、广播等传统媒体对于信息宣传以及利益优化的局限性,为融媒体的出现提供了契机,社会经济的不断发展,人们对于媒体信息服务的需求促进了融媒体的出现。在融媒体时代下,能够同时满足人们对于社会效益与经济效益这两大效益的需求,因此创新是融媒体得以兴起与发展的最重要的因素。信息化时代到来为社会各个领域转型和变革提供了时代背景。

随着网络技术在各领域的深化,传统单一的媒体发展已经无法适应各行业运作的需求,新兴媒体逐步诞生,传统媒体与新兴媒体的融合成为新时代的标志。对播音主持专业而言,如何适应融媒体时代成为社会各界关注的热点。而高校的播音主持专业与各媒体平台发展息息相关,因此相关教学应紧跟时代的发展潮流,不断进行改革与创新,让播音主持专业的学生在走上岗位后能够符合时代与工作的要求。

在融媒体时代下,播音主持教学的改革措施应从师资队伍、教育理念以及教育方式等多方面入手。因此一名合格的播音主持工作者在拥有扎实专业基础的同时,还要具有良好的专业素养。所以笔者认为对融媒体时代的播音主持专业教学问题进行研究便显得很有必要,在这种情况下,

《语言艺术的魅力——融媒体时代下播音主持教学思维运用研究》便应运而生了,本书以播音主持的概述和教学原则为出发点,在这基础之上又详细介绍了融媒体时代下的播音主持教学的创新方法,旨在为广大学者提供更多理论上的帮助。

目 录 CONTENTS

第一章 绪论 ···001
第一节 播音主持概述 ···001
第二节 播音主持教学指导原则和教学方法 ·······················008
第三节 播音主持教学的发展历程和教学现状 ····················016
第四节 融媒体下的播音主持概述 ····································029

第二章 融媒体时代下广播播音主持教学的嬗变 ················042
第一节 声音媒体平台和声音节目的嬗变 ·························042
第二节 广播节目主持教学模式的嬗变 ····························050
第三节 融媒体时代广播节目主持教学的重要性和变革 ······061

第三章 播音主持形象思维 ···068
第一节 形象思维概述 ···068
第二节 形象思维练习 ···085

第四章 播音主持想象和联想思维 ···088
第一节 想象和联想思维概述 ··088
第二节 想象和联想思维练习 ··105

第五章 播音主持发散思维 ···108
第一节 发散思维概述 ···108
第二节 发散思维范例分析 ··115
第三节 发散思维练习 ···122

第六章 播音主持逻辑思维 ···131
第一节 逻辑思维概述 ···131
第二节 逻辑思维案例分析 ··146
第三节 逻辑思维练习 ···147

第七章 融媒体时代播音主持教学思维实例研究 ……153
第一节 先学到后导:教学思维初步转型 ……153
第二节 知识到灵力:教学思维再度转型 ……157
第三节 传递到建构:教学思维深度转型 ……160

第八章 融媒体时代播音主持教学思维的发展与创新 ……167
第一节 融媒体时代播音主持的专业定位 ……167
第二节 融媒体时代播音主持的创作样态和创新空间 ……171
第三节 融媒体时代播音主持的发展途径 ……175
第四节 融媒体时代播音主持人才培养模式的转变 ……176

参考文献 ……185

第一章 绪论

第一节 播音主持概述

一、播音员的地位与作用

关于播音的定义,中国播音教育重要创始人之一张颂先生做了如下阐述:"播音,是广播电视传播中话筒前、镜头前进行的有声语言(包括副语音)创作。"广义的播音是指电台、电视台等电子传媒所进行的一切有关有声语言和副语言传播信息的活动。狭义的播音是指播音员主持人运用有声语言和副语言通过广播电视传媒进行传播信息的创造性活动。

1955年3月,在全国播音业务学习会上,时任国家广播局局长的梅益同志指出:"播音员是向千千万万的人进行宣传鼓动的党的宣传员。"在随后的全国优秀广播节目欣赏会上,时任中央人民广播电台的艺术指导齐越发表了"播音是一种具有独立性的语言艺术创作"的重要观点。

播音员的地位与作用,可以从以下几个方面加以说明。

(一)喉舌之位

我国广播电视的公有制性质,决定了广播电视为全体人民所有。我国社会主义建设的各项事业,都是在中国共产党的领导下进行的,广播电视作为具有强大影响力的新闻舆论工具,尤其要置于党的领导之下。所以说,广播电视是党、政府、人民的喉舌。而具体体现这一喉舌作用的,正是在话筒前、镜头前工作的播音员主持人。回顾历史,在苏联人民反法西斯的伟大斗争中,著名播音员尤里·列维丹铿锵有力的播音鼓舞了人民,震慑了敌人。播音员要忠诚于党的广播电视事业,要明确作为党、政府、人民的喉舌作用的职业特点,要满腔热情地宣传党的政策,赞美时代的精神风貌。

(二)前沿之地

一般来说,广播电视传播信息的速度要快于报纸。目前,许多电台、电视台采用直播的方式传播新闻信息,更是报纸所望尘莫及的。播音员处在传达政令的最前沿,责任重大,必须树立时间观念。

广播电视是线性传播,播出差错几乎是无可挽回的。因此,播音员必须具有高度的责任感。一是备稿要细心、充分,在准确上下功夫;二是播音时要精神集中,发现错误及时改正。

(三)中介之序

一个节目如果没有播音员主持人的串联,几乎不称其为节目。因而,主持人成为节目不可缺少的组成部分。无论节目自身如何精彩,没有播音员主持人的精心串联,都是不完整的。

(四)联系之带

广播电视是党和政府联系人民群众的纽带和桥梁。播音员、主持人起到了上情下达的作用。如果说在传达政令方面,新闻节目主要是上传下达,那么,一些专题节目,如《焦点访谈》"讲述老百姓自己的故事",就是下情上传。

(五)媒体之标

从某种意义上讲,播音员主持人是广播电视节目的生命力所在,是电台、电视台等媒体的门面,是"台标"。例如,中央电视台《新闻联播》的几位播音员被誉为"国脸"。一个节目能否成功,很重要的一点,就是播音员主持人是否被受众所接受、所喜欢。

二、媒体有声语言表达类别

媒体有声语言泛指广播电视网络等媒体节目中,以播音员、主持人为创作主体的有声语言。媒体有声语言既包括广播电视节目中以稿件为创作依托的有声语言,也包括在没有稿件依托的情况下,主持人与嘉宾、受众进行现场交流的即兴口语。

在新闻播音和节目主持中,将这两者结合起来的语言表达形式普遍存在。例如,新闻播音的播说式,是在以往的播报式的基础上发展起来的。在谈话节目、综艺节目中,主持人都要将规定稿件变成自己的语言表达出来,既要实现创作者的创作意图,又要体现主持人的个性风格。

媒体有声语言表达类别可分为以下几类：①文本加工式；②播说结合式；③背诵主持式；④即兴说评式；⑤配音解说式；⑥访谈问答式。

（一）文本加工式

文本加工式就是我们常说的有稿播音，有稿播音不是念字出声，也不是一般意义上的照本宣科，它是要经过二度创作才能形成的崭新的有声语言形态。

例如早期的中央人民广播电台《空中之友》节目中徐曼对（中国）台湾同胞广播，有一期节目是播出致（中国）台湾一位女中学生的信，稿件作者是王德枫，但徐曼把稿件变成了自己要说的话，没有一点播读的痕迹。将稿件变成有声有色、声情并茂的广播电视口语，需要主持人艰苦的创造实践。

（二）播说结合式

播说结合式是新闻类播音继传统播音（宣读式和播报式）后被认可的新型语言样式，多用于民生新闻或谈话类节目。

改革开放后，广播电视节目一改过去以播为主的语言形态，节目的内容和形式发生了深刻变化。这期间，也出现了对传统播音的"否定"，这是对我国播音发展历史缺乏了解、对播音艺术的继承和创新关系缺乏辩证认识的偏颇之见。

播说结合式具有以下特点：①庄重大方、亲切自然；②语速偏快、语调偏轻；③单向传播。

在谈话类节目中，"说"的成分会偏多，同时，也有"播"的成分。需要指出的是，有的主持人语言过于随意，语速过快，吐字不清，口头语过多，就是忽视了"播"。[1]

（三）背诵主持式

背诵主持式是指以现成的稿件为依托主持节目，多用于大型的、庄重的政治性活动，例如（中国）香港回归庆祝活动。主持一些大型文艺晚会时，主持人也可以有一定的即兴语言表达。中央电视台综艺节目主持人尼格买提和董卿，在主持大型文艺节目时，表现出极强的驾驭文本的能力，能将大段大段的稿件有声有色地、流畅地表达出来。

---

[1]梁亚宁. 融媒体时代播音与主持艺术发展策略[M]. 长春：吉林大学出版社，2018.

背诵主持式要把握以下几点。

1. 背诵稿件是基础和前提

要记忆、理解稿件,只有把稿件内容变成自己的表达,才能避免"念稿"。

2. 调控现场气氛

主持节目时,主持人必须营造与观众沟通交流的氛围。例如2009年9月24日至29日,中央电视台举办系列歌曲演唱会《歌声飘过60年——献给祖国的歌》,主持人管彤、张泽群情感丰富、声音富有韵味,营造了与现场观众交流、沟通的氛围。

管彤:亲爱的观众朋友们,您现在收看的是庆祝中华人民共和国成立60周年特别节目《歌声飘过60年——献给祖国的歌》系列歌曲演唱会。

张泽群:今天我们的歌声将伴随你回顾20世纪70年代。在70年代《我爱北京天安门》这首歌,也许是中国人最熟悉的一首歌。在很长一段时间里,只要你翻开小学一年级的课本,第一课就是《我爱北京天安门》的歌词:"我爱北京天安门,天安门上太阳升。伟大领袖毛主席,指引我们向前进。"

管彤:这歌词我们大家都太熟悉不过,这首歌表达了少年儿童对毛主席的热爱。这之后,无论是外国元首来访的招待演出,还是中国艺术团到外国访问演出,都会把这首充满童稚的歌曲作为保留曲目。

3. 主持人默契配合

在背诵式主持中,主持人之间很难进行互动和交流。主持人之间应默契配合,例如相互间侧身的动作,眼睛余光的扫过等。

4. 主持人充满激情

背诵式主持常用于重大活动和大型场面,这种场合要求主持人必须声情并茂,而这需要以良好的声音和稳健的气息为依托。

(四)即兴评说式

即兴评说式有以下几个特点。

思辨性:主持人的语言要有思辨性,合情合理、自圆其说,体现出思维的缜密,要使人得到教益和启发,并留有思考的余地。

故事性:主持人的语言要有故事性,例如清楚地讲述故事的来龙去脉、绘声绘色地描述人物语言等。

互动性:受众不喜欢主持人口若悬河、夸夸其谈,不喜欢主持人进行说教,他们更乐意与主持人在平等的氛围中,敞开心扉地进行沟通与交流。

(五)配音解说式

广义的配音解说式包括广播电视节目、影视剧、动画片的配音与解说。一般来讲,配音解说式具有文本加工的成分,也有自身的语言表达特点。

1. 声音富有弹性和个性

无论是广播文艺节目,还是电视专题片(新闻专题、文艺专题),解说者的声音应该是美的,这美的声音就是富有弹性和个性的声音。

解说词必须插进音乐、画面、剧情之中,这就要求解说者的声音具有弹性和个性特点。弹性主要表现为声音的柔韧性,这种柔韧性是在声音放松的状态下,适当增加三腔共鸣取得的。

2. 情感内敛、含蓄

内敛,是指情感不强烈;含蓄,是指情感不直白。解说词不能过分夸张,否则易给人喧宾夺主的感觉。

3. 语气变化"若进若出"

解说词穿插在整个节目之中,这就决定了各段解说词的语气变化"若进若出"。以音乐舞蹈《采山》的解说词为例:①《采山》这个舞蹈,以生动形象的舞蹈语汇,描绘了一幅具有林区生活特色的情景。②深秋的长白山,风光瑰丽,一片金黄。山道上跑来一位活泼的少女。③姑娘踏上了细长的独木桥。④眼望长白秋色,果实累累,姑娘心里充满了喜悦,她赶忙放下背筐,开始采摘。⑤哎,那儿的蘑菇真多呀!哟,这儿的五味子多红啊!

要明确各段解说词是"主"还是"从",从而决定语气的色彩变化。①解说语——若出;②③④解说词——若进;⑤剧中人物语——进入。这就是老播音员常说的"进进出出"。在把握这一"进进出出"的具体的语气变化时,我们要特别注意整体的和谐统一。

4. 解说词、画面、音乐相辅相成

以电视专题片为例,画面是电视专题片的主干,解说词和音乐受画面内容的制约,对画面起解释、补充、烘托、丰富等作用,三者应相辅相成。

(六)访谈问答式

这里的访谈问答式是指主持人在演播室对邀请的嘉宾进行的访谈,与记者进行的新闻连线。

访谈是一门艺术。中央电视台《半边天》主持人张越在谈到访谈嘉宾的体会时说:"嘉宾是千姿百态的人,每个人都有自己的人格魅力。他平时是藏着的,你要在很短的时间内很集中地给他引出来,让人们看到一个有个性的人。我相信我是真诚的,我相信人性是相通的。"

要想问得好,需要注意以下几点:①对采访嘉宾有一定的了解,了解得越全面,提问才能得心应手,游刃有余;②保持一种平等的心态,尊重被采访者,在与嘉宾的交流中产生心灵的共鸣;③善于聆听,在聆听中更好地提问;④巧妙地使用"打断"技巧,避免被采访者谈话的冗长、跑题。

三、播音主持语言表达样式

(一)宣读式

宣读式常用于重要新闻稿件的播读,例如主席令、公告、通告、讣告、通知、电文等。

这类稿件意义重大,在行文上字斟句酌、言简意赅。因此播读时,不允许做口语化处理,必须一字不差地照本宣科。因稿件内容的不同,播读时感情色彩、语速会有明显的不同,一般由资深新闻主播宣读这类稿件。

(二)播报式

播报式的特点是朴实大方、语句工整、清晰流畅、声音明快、节奏适中,多用于广播电视消息类新闻稿件。

采用这种表达样式时,气息控制能力和口腔控制能力十分重要。气息的快进快呼呈现的稳劲和均匀,在语流行进过程中字音在口腔的快速形成,需要长期的训练。我们可以从播报几百人名单的一气呵成中,感受到播报式的语言功力。

(三)播讲式

播讲式的特点是情感丰富、错落有致、起伏跌宕、刚柔得体、多用于通讯尤其是人物通讯。通讯不仅具有新闻性,而且具有形象性、生动性和多样性特点。播讲式要求播讲者具有丰富的想象力和情感的调控力,具有强烈的表现欲和对象感。

(四)评论式

评论式是播音员、主持人或以稿件为依托,或现场评论,引导社会舆论,具有较强的新闻性、政策性、指导性、针对性。

评论式的特点是观点鲜明、逻辑严谨、层次清晰、语势平稳、分寸恰当。播音员、主持人要根据所评论问题的性质、范围和影响,把握好政策分寸和感情分寸。

(五)播说式

播说式是广播电视节目,特别是新闻类和谈话类节目中运用最广泛的一种语言形式。一般说,新闻节目播的成分多一些,其他节目说的成分多一些。播说式的重要特点是语言的流畅和快捷。

播说式语言形式的运用,与节目内容有关,也与播音员主持人的性格、语言风格有关。

(六)交谈式

主持人和受众在交谈中沟通思想,传递信息,建立起平等的关系。交谈式的口语化明显,语言亲切、自然、鲜活。

交谈式节目多为主持人与嘉宾对话的形式,例如,中央电视台沈竹主持的《央视财经评论》节目、陈伟鸿主持的《对话》节目。

(七)自述式

自述式是指播讲者以第一人称转述作品中"我"的故事,表达"我"的情感。自述式不仅适用于散文特写、电视文学等作品,也适用于广播电视新闻性专题节目。自述式的特点是语言质朴、语调平和。

运用自述式,要以"我"的情感确定基调,并使"我"的情感贯穿全篇,充分展现"我"的内心世界。

(八)评话式

评话式是采用播讲和借鉴评书语言形式的一种新型有声语体。由于这种语言形式常用于通信播音中,有人称它为评话通讯。

评话式的特点是语言错落有致、起伏跌宕、刚柔得体、形象生动,具有固定程式。语言虽有一定的渲染成分,但不失真。中央电视台财经频道王凯主持的《财富故事会》,具有评话式特点。

(九)解说式

解说是指解释和说明。解说式常用于文艺广播剧解说、电视剧旁白配音、电视专题片解说、体育节目解说等,起到解释、说明、补充、丰富、推进节目的作用。

解说式的基本要求是：①解说要和音响、画面有机配合；②不能喧宾夺主，始终把握解释、说明的基本要求。

（十）朗读式

在广播电视节目中，常常播出一些诗歌和散文作品。近几年，中央电视台组织的每年一次的新年新诗会，多由电视台节目主持人朗诵诗歌作品。

朗读式的基本要求是抒发情感、体现诗意、悠扬舒展，以求达到音美、情美和意境美的语言艺术效果。

（十一）演播式

这里所说的演播，是"演"和"播"的结合。电视节目主持人的现场主持也具有演播的特点，都是演播式语言运用的范畴。

演播式要求适当改变音色，以适应表现人物和拟人化的要求。演播式主要采用音高、音强、音长、音色、音速的巧妙变化，对声音进行修饰。

第二节 播音主持教学指导原则和教学方法

随着传媒业的发展，播音主持艺术备受青睐，我国高等院校普遍开设了播音与主持艺术专业。如何培养与社会需求相适应的播音主持专业人才，已成为当务之急。必须明确播音主持专业人才的培养目标，即培养适应中国特色社会主义现代化建设要求，具有深厚的语言文学素养和广阔的文化视野，具有一定的新闻学、传播学学科基础，能在广播电台、电视台及其他影视传媒机构，从事播音主持、影视动画配音、节目策划、新闻采访与编辑等相关工作的高级应用型人才。完成这一教学任务，除具备科学的人才培养方案、较强的专业教师队伍、合理的课程设置和完备的教学设备外，还需要科学的、系统的、适用的教学原则和教学方法。

研究、探讨播音主持专业课程的教学指导原则与教学方法，是为了提高播音主持专业的教学质量，实现播音主持专业人才的培养目标。

一、播音主持专业课程教学指导原则

(一)专业理论的科学性与播音创作的实践性相结合

我国播音界的老一辈播音员,在半个多世纪的播音实践中,经过艰苦的探索,总结出了播音风格。齐越先生的《我的业务观点》(十条)形成了科学的创作思想,虽然时代有所不同,"但齐越的播音创作思想对于当今的播音主持从业人员都是值得学习、继承和借鉴的。齐越教授的《我的业务观点》(十条)仍闪烁着播音创作理论的光辉,指引我们播音工作前进的方向"。改革开放以来,在专业理论研究方面,播音主持艺术也逐渐形成了理论体系。张颂先生是播音理论重要的奠基人之一,他的《播音创作基础(第三版)》等著作吸收了前人的经验,融合了大家的智慧和相关学科的前沿成果,《中国播音学》及其他理论著作建构了合目的、合规律的独特理论体系。

播音主持专业的理论和实践紧密结合,"一定要给学生一个完整的理论体系,让学生对学科的理论体系有一个完整的认识"。凡是在播音实践上有大的造诣和建树的播音员主持人,他们都有一套完整的创作理念。原来中央台的播音前辈们,如老一辈的齐越、夏青、林田、葛兰、林如,包括后来的铁城、方明、虹云、雅坤等,每人都有一整套创作思想。没有这些我们称作理论、理念的东西作指导,实践就会盲目,就会跟风,创作也不会有高水平,或者只知其然不知其所以然。对我们的教师来说这一点就更重要了。在重视理论的同时,也应重视实践。要率先垂范、以身试"法"。以身试"法"就是要通过自己的实践来印证自己讲的方法是有效的。只讲理论是不行的,天桥的把式光说不练是不能胜任教学的。所以理论要和实践很好地结合。

要善于把具有前瞻性的理论研究成果运用到教学实践中,例如,金重建的《播音创作主体论》中的理论观点在以往的著作中涉及不多。"广播电视的大众传播特征,决定了传播主体在话筒、镜头前的语言创作不同于日常工作和生活中的谈天说地。有了创作自觉产生的基础,面对不同的创作依据传播主体所能激发的创作灵感就有驰骋的创作空间,又不会失去表达实践的指向与归宿"。所以,张颂先生在为该书所做的序言中指出:"自觉成了我们这个新兴学科、交叉学科的灵魂。""因此,播音创作必然是创主体的创造性劳动过程,亦即在创作欲望支配下的、自觉的能量释放过程。"在播音主持"金话筒"大赛和电视节目主持人大赛中,涌现了一批播音主持精品。所有这些都是从实践中总结、升华的播音主持理论用以指导播音主持创作实践的丰硕成果,是专业理论的科学性与播音创作的实践性相结合的丰硕成果。

但目前,播音专业的学生重视实践、轻视理论的现象非常普遍。如上辅导课时出勤好于上理论课,口试考试成绩明显高于笔试考试成绩。这说明学生对专业理论的重要性缺乏足够的认识,而用理论指导实践的能力也就显得不足,播音主持作品的质量也受到影响。同时,也反映了专业教师理论知识掌握得还不够,在理论与实践的结合上功夫下得还不够。

(二)传播专业知识与培养专业技能并重

高等院校的播音主持艺术专业必须完成两大基本任务:一是使学生系统地学习掌握播音主持专业基础理论知识,二是使学生受到系统的语言训练并掌握语言技能。

从中国传媒大学(原北京广播学院)1963年开设新闻播音专业至今,已有50多年的历史。在学科建设上,播音主持还是一门年轻的专业,但发展迅速,基本形成了自己的理论体系。

如何把传授专业知识与培养语言技能结合起来,对教师而言,就要对专业理论有深刻的认识、理解和运用。教师应将专业理论讲得深入浅出,准确到位,并在示范中体现出理论的指导效果。教师只需要肯定学生正确的地方,指出学生错误的地方,而不能主观地教学生必须这样播,不能那样播。要给学生发展、创新的空间,避免学生都是一个"模子"刻出来的。学生要将专业理论知识学透、学扎实,并在实践中反复加深理解,而不是专业理论与专业实践"两层皮",所学理论用不上。

(三)师生互信与教学相长相统一

播音教学特别是小课教学辅导是一种口传心授的教学形态,是一对一的指导,这就要求教师与学生形成良好的信任关系。

"决定一个人在艺术上是否能有大的造诣,起决定作用的就是两点:一个是看他的基本功怎么样,再一个就是看他的为人处世,即怎么做人。如果不能使学生在人格上钦佩你,老师又如何能说服学生呢?"同样,教师没有过硬的基本功,做不出让学生佩服的示范,教师在学生心目中的形象也会大打折扣。

教学相长是使教师与学生共同提高。"教师应勤于钻研,走在理论队伍的前列,密切关注学科前沿的发展变化,在专业方面有发言权,能得到第一线的首肯,并经常带来新的信息,研究新问题,让学生少走弯路,适应实践不断提出的新要求的同时,使学生对自己的教学产生信任感,教师也更加自信"。学生要学到真知识、练出真本领,就必须向教师学习。教师也要向学生学习,因为学生更易于接受新生事物,有较强的创新能力。

(四)主导式教学与互动式教学相结合

所谓主导,即处于主要地位并引导事物向一定方向发展。主导式教学就是在教学过程中,教师处在主导的地位,引导教学。在课堂上,教师必须掌控授课的内容和进程。主导式教学要做到两个公开:课程进度公开和阶段教学意图公开,并为互动式教学做好铺垫。主导式教学要求教师必须认真备课,讲课要生动、幽默,要有激情,才能吸引学生。主导式教学必须与互动式教学相结合,才能取得课堂教学的最佳效果。[1]

互动式教学是教师在教学过程中与学生互相交流、默契配合。一是在教学中找到与学生互动的切入点。二是引导学生对问题展开讨论,教师进行恰当的引导。三是学生配合教师在课堂上做示范。

(五)提高教学效率与提高教学质量同等重要

小课是将大课讲授的理论在小课中具体化、形象化的一个过程。小课教学的难点是,学生不可能一起做练习,老师也不可能同时做辅导。一对一的教学特点,决定了只能一对一地进行辅导。

在辅导一个学生时,要让其他同学都参与进来。例如,对一个同学的辅导时间不要太长。当一个同学朗读作品时,让其他同学参与点评。要布置作业,有了更多数量的积累,质量也就提高了。

(六)把专业实践与社会实践结合起来

专业实践先是课堂实践活动,但由于课时少、学生多,所以,课堂实践不能完全达到教学要求。为了弥补课堂实践的不足,学生应加强课后训练。课后训练时间应是课堂实践时间的3~5倍。换句话说,每个学生课堂

---

[1]穆宏.播音主持学理论[M].北京:九州出版社,2018.

实践可能只有10分钟左右,课后练习要1个小时左右。除课堂实践、课后训练外,学生也可以把校园广播台、电视台作为专业实践的场所。

社会实践包括两个方面,一是到媒体去学习、实践,熟悉工作环境,提高专业能力;二是通过媒体到社会上体验生活。

从时间段上,学生的社会实践特别是专业社会实践,大体上可以这样:大一"按兵不动"。有的学生大一期间就跃跃欲试到媒体去主持节目,而忽略了专业课的学习,这是得不偿失的。大二"稍有松动"。学生可利用业余时间到媒体,参加有利于提高专业水平的社会活动。大三"灵活机动"。学生可适当接触用人单位,为就业做好铺垫。大四"全面启动"。学生应把实习和找工作结合起来。

二、播音主持专业课程教学方法

(一)播音主持专业课程教学模式

播音主持专业课程教学基本采用大课讲授知识—小课辅导训练—课后练习的教学方式。

1.大课讲授知识

大课讲授由主讲老师讲授本课程的理论知识,也可邀请专家做专题讲座。大课理论讲授要符合科学性、知识性、指导性的要求,避免理论性过强、抽象概念论述过多,要体现理论对实践的指导意义。要通过实例将理论讲活,要有"掰开皮说馅"的本事,深入浅出。如示范时,"要用有声语言、体态语言等多种手段的讲述,充分营造出尽量接近真实的场景气氛,帮助学生体会"。"示范可以稍微夸张以便于学生理解、体会和形象记忆"。教师通过举例、示范,克服理论课的枯燥,提高学生的学习兴趣。第一线的播音员主持人可以"现身说法",使学生认识到学习专业理论知识的重要性。

"我们提倡大课精讲,不要怕在课上练习会占用大课的时间,因为许多理论知识学生可以通过看书而获得、理解。大课最核心的东西还是有利于学生转化为能力方面的内容"。不同阶段的大课,授课方法也不一样,有的大课可以带有小课色彩,例如结合作品说明理论的运用。

2.小课辅导训练

小课辅导训练的目的是消化大课讲授的专业理论,使学生将理论应用于实践。小课教室应配备录音机、录像机等设备。

小课辅导训练要注意以下几点：①将专业理论融入语言训练，避免语言训练只注重技巧训练；②稿件训练要先易后难、先少后多，逐渐加大训练量；③统一稿件和自选稿件结合，以统一稿件为主，从统一稿件中看出学生的差别；④先声音后形象，把话筒前播音和镜头前播音结合起来；⑤采用"解剖麻雀"的方法，互听、互看、互评、互学；⑥学生可以有不同的意见；⑦不要按固定模式要求和训练学生；⑧对学生提出的要求具体、现实，避免抽象。

3.课后练习

课后练习是对小课辅导训练的补充，一方面完成教师留给学生的课后训练作业，另一方面可在实验室完成录音、录像等训练内容。课后练习最好是学生之间结成对子，互帮互学。并且老师应当给予课后指导。

（二）播音主持专业课程教学方法

播音主持专业课程教学方法可概括为"讲与练紧密结合"，这是由本专业特点所决定的。根据教学指导原则与教学规律，有以下几种教学方法。

1.四结合教学法

四结合教学法是指讲授与示范相结合、示范与辅导相结合、辅导与演练相结合、演练与作品相结合。

（1）讲授与示范相结合

教师应结合具体的作品，向学生讲解基础理论，传授专业技能，教师应通过示范使学生对理论的运用有感性的认识。示范有三种方法：一是讲课教师示范。这需要教师具备深厚的语言功底，能真正起到示范作用。二是播放优秀播音主持作品进行示范。最好选择有代表性的、有影响力的播音主持名家的作品。三是由表现突出的学生现场示范或播放他们的习作。

（2）示范与辅导相结合

在小课辅导过程中，结合具体稿件，教师要对训练作品进行示范播读，或全篇、或片段。这种示范可以在学生训练前，也可以在学生训练过程中，边辅导、边示范，使学生真切地感受到教师是怎样理解、感受、表达作品的。

（3）辅导与演练相结合

由专业教师制定稿件训练要求，由上课教师制定演练提示。对有代表性的或难度大的稿件要"抠"得细一点,研究得深一点。演练必须认真,投入,形成良好的创作状态。进入演播间录制节目时应一气呵成,不能断断续续,以免养成不好的习惯。

(4)演练与作品相结合

演练可以分步进行,并结合作品进行整体训练。例如,可以教师规定话题,也可以学生自选话题,评述结合。开始可叙述4分钟,评述1分钟;随后可叙述3分钟,评述2分钟;最后叙述2分钟,评述3分钟。这个过程可在一个学期内完成,反复的训练会使学生的语言能力有明显提升。

2.回环渐进法

在教学过程中,常常出现这样的情况,当一门课程已经结束,进入下一门课程时,前一门课程存在的问题在下一门课程中仍然存在,甚至还很明显。如学生在第二学期的播音发声课、即兴口语表达课,第三学期的播音创作基础课的学习过程中,还会出现第一学期的普通话语音的问题。这就说明,有些学生的语音问题需要2~3个学期才能解决。在后续课程的训练中,要继续解决前面课程遗留的问题。同样,在播音创作基础课上,学生学习了播音创作的要求、规律、语言技巧,但在后续的文体播音课、广播电视节目主持课中,仍需要消化、巩固这些知识。

所以播音主持专业教学既需要循序渐进,更需要回环渐进,这既体现了课程的独立性,又体现了课程的融合性。回环渐进是一种科学的、有效的方法,使课程前后衔接、各有侧重。

"回环"又分为"大回环"和"小回环"。"大回环"指课程与课程衔接过程中,围绕专业知识和专业能力提高的综合过程;"小回环"指在某一课程中训练过程的某种反复,以强化和巩固训练成果。

例如,一个学生的方言音很重,在一个小回环中不可能解决语音问题,必须在大回环中,继续解决这个问题。"老师和学生都不要太急躁,一定要掌握正确的部位、正确的方法,要让他找到这个部位,然后,反复地重复,也许一万遍不成,一万零一遍就成了,一定要建立起一个新的条件反射,才能取代原有的发音习惯"。

3.快速推进法

一些学生语言感悟能力较强,教学过程可以适当快速推进。教师可以为基础较好的学生单独制定教学实践课的内容,加大训练难度。

有人说,初学者想创新,就像不会走路的儿童想跑似的,不切实际。这个看法无异于画地为牢,不许初学者越雷池一步,当然是不全面的。不会走就想跑,看到了走是跑的基础,是对的,但跑一下,更可以体会到掌握身体平衡的重要,对走不是有好处吗?初学者思想活跃,最少保守,怎么不会给播音带来一点儿生活气息呢?甚至带来一点儿新颖的表达,也是可能的。

基于这种考虑,在大二的主持人即兴口语课上,应让学生做一些小栏目的主持训练。如果大三、大四才安排节目主持课,才训练学生如何做栏目就太晚了。这种快速推进不是盲目的,也不是背离教学计划要求的。

4.练"说"与练"写"

要改变播音主持艺术专业的学生只练说、只会说,不会写或不善写、懒得写的现状。不能只用现成的稿件练习语言表达,否则很难提高即兴口语的表达能力。所以学生既要练说,也要练写,说写结合。吴郁把"说"与"写"的关系分析得十分透彻,她说,"说"与"写"都应重视,不过,这里有一个体现的问题。"写"是为了更好的"说",而"说"应以"写"作为一个重要的训练手段,教师要求学生善于在生活中发现问题、积极思考,形之于文字,然后,通过专业训练更好地诉诸"说"。

"抽题主持"训练可以从"写"到"说"练起,"抽题主持"以记叙为主,以议论为辅。可循序渐进,先按已经写好的练习稿背着说,然后再按提纲说,最后只打腹稿。此后既可把提纲作为腹稿,也可记住几个要点,这样,就能做到依次有序的练习,把书写的文字稿或提纲,变为说讲式的口语作文。

播音主持专业的新闻采访与写作课一般安排在大三,但在教学过程中,不必等到大三才练写,大二的主持人即兴口语课就可以让学生自己写稿。正如张颂先生在为《主持人即兴口语训练》一书所做的序言中所指出的,我们尤其要注重话语主体的人文修养和知识储备。阅读名篇佳作,当众朗诵一定要"积铢累寸""集腋成裘";捕捉新鲜话题、提高写作能力一定要"眼观六路""下笔千言"。

5.鉴赏与模仿

提高对播音主持艺术精品的鉴赏力,是提高播音主持专业学生创造力的重要途径,开设播音主持精品赏析课是提高学生专业素质和修养的重要环节,并帮助学生建立准确的专业评价标准,树立正确的语言创作观和有声语言审美评价标准。通过鉴赏力的提高,能够促进学生有声语言创造力的提升。

模仿是许多艺术借以流传的手段之一。播音表达学习中,回避它、排斥它,不一定妥当。

模仿中,可以是死的、机械的、表面的,如从声音音色、句式处理等单纯模仿,就会走入死胡同,即齐白石所谓'学我者生,似我者死'。但模仿中也可以是活的、灵动的、深化的,如从情声变化、语势推进等自觉模仿,就能开拓心境,增益其所不能。

在鉴赏与模仿的过程中,要把握以下几点:①鉴赏的作品一定是播音主持艺术精品;②鉴赏作品的领域要宽泛一些;③从不同角度欣赏名家名作的特点、风格、特色。

赏析精品不能只依靠赏析课,要使学生处于艺术氛围中,耳濡目染,提高自己的欣赏水平。

教学法的研究和运用还可以按课程进行,如普通话语音教学法、播音发声教学法、即兴口语表达教学法、播音创作基础教学法、新闻播音教学法、节目主持教学法等。

每个教师的教学经历不同、学识修养不同,对播音主持教学也有不同的领悟,应采取不同的教学方法。如果能形成教学团队,共同研讨,将会促进学科的发展。

张颂先生曾说:"我们主张不断地创新、发展,将来我们学院派也会有不同的学派,比如吉林学派、上海学派、南京学派等等,不同学派的林立,说明这个学科的兴盛,应该鼓励呼唤这种学派林立的情况,使我们的教育得到大的发展。""我们都要成为有声语言的典范,谁都向我们学习,谁都要向我们借鉴经验,这对其他学科也是一种贡献。"

第三节 播音主持教学的发展历程和教学现状

一、播音主持教学的发展历程

(一)"播音教育"溯源(1918~1940年)

任何事物的诞生和发展都不是毫无根源的,也绝不可能在一夜之间蔚然成风,播音与主持艺术的开设不是借鉴也绝不是舶来。在我国,播音教育一度成为民间和政府极力推行的文化教育活动。最早出现于20世纪20年代,30~40年代达到空前发展。播音教育被认为是"从印刷术发明以后传达知识方法的大革命""教育的新工具"。

我国教育行政机关专设播音教育的开始于1936年7月。教育部先后成立了播音教育委员会,将全国划分若干"播音教育指导区"(据统计1936年有81个区,1938年增设31个区,1939年增设23个区,共有135个区)以便分别实施播音教育。

抗战时期,为发挥电影与播音在教育民众、宣传救国上的"利器"作用,急需大量的电影与播音专门人才。国民教育部采取了短期培训与系统培养相结合的方式以适应此项需要。1935年7~8月举办了"全国中等学校及民众教育馆无线电收音指导员训练班"一班。1936~1938年委托金陵大学举办三届电化教育人员训练班,由各省市保送学员入班受训,分设电影与播音两组,三届毕业学员共322名,其中播音人才84名。

我国系统培养电影与播音人才的学校有无锡的江苏省立教育学院、南京的金陵大学、苏州的国立社会教育学院三所院校。1936年,江苏省立教育学院开办的两年制电影与电播专修科,该科分电影与电播两组,学生任选一组为主,一组为副。侧重培养学生播音独立研读与研究的能力,目的是培养电影教育和无线电播音教育的实施和行政人员。专业开设课程中播音与收音实用技术类课程各占30.8%,内容安排较为浅显。

(二)基础建设时期的播音主持专业教育

从1940年12月30日,延安王皮湾村窑洞播音室里传出第一声呼号"延安新华广播电台,XNCR,现在开始播……"到一批又一批优秀的播音员、主持人在话筒前积累丰富的实践经验,创作出一批批优秀的播音作品;从1949年10月1日,开国大典中天安门城楼上的"实况广播"传出播音员齐越、丁一岚那气势磅礴、热情洋溢的声音,再到CCTV春节联欢晚会现场直播的舞台上主持人们妙语连珠、侃侃而谈。时间的跨度带来的不仅是社会变革,也是广播电视系统急需大量专业技术人员,更是要求对在岗播音员业务水平的提高。培养中级技术人才的广播技术人员训练班(中央广播局开办)于1954年3月开班了。

1956年5月28日,刘少奇代表中共中央听取中央广播局工作报告,建议创办培养广播干部的高等学校。1958年9月2日,中央广播局在原有广播技术人员训练班的基础上,创办了北京广播专科学校。1959年9月,经国务院批准,扩建为北京广播学院。

1960年北京广播学院(现中国传媒大学)为期3个月的播音员短期训练班开始招生,铁城、虹云、徐曼等老一辈艺术家都是出自训练班。他们成为中央人民广播电台和中央电视台的播音业务骨干,从那时起播音员从话筒前走入老百姓的生活中。播音与主持艺术专业教育在不同时期也经历着各种变革,从无到有、教学规模从弱小到壮大、学科体系逐渐发展完善。

1."昙花一现"的初创期(1957~1963年)

随着社会的进步和广播电视事业的迅猛发展,广播电视在人们生活中扮演着越来越重要的角色,作为广播电视传播的界面人物,作为广播电视传播的最终实现者,在传播的最后一个环节被受众接受并认可。1957年,北京广播学院在全国各省市急需播音员的紧迫呼声中,第一期播音员训练班开始招生。1958年,我国第一座电视台——北京电视台试播,第一位电视播音员沈力老师从中央电台调动至电视台承担口播工作。1963年8月,我国有了最早的专业人才教育基地,北京广播学院中文播音专业,面向全国招收具有高等院校学历的大专学生,学制3年。

2."蹒跚学步"的生存期(1974~1981年)

在周总理的亲自过问下,北京广播学院重办,1974年播音专业恢复招生,74、75、76届招收均为工农兵学员,他们中的很多人都成为中央台和地方台的播音业务骨干。此时,齐越老师调入北京广播学院,成为我国播音专业的第一位教授。北京广播学院于1977年成立播音系,升格为4年制本科。1978年,在党的十一届三中全会后,人民广播电视事业恢复发展。1980年,北京广播学院播音专业从新闻系分离出来,成立播音系;播音与主持艺术专业获得文学硕士的授予权,开始面向全国招收硕士研究生。齐越老师和许恒老师分别招收了播音发声和播音基础理论与实践两个方向的研究生。其间,一批有经验的播音员从中央台和地方台调入北京广播学院担任播音教师,北京广播学院的师资队伍就这样逐渐壮大。[①]

有社会人士提出"播音无学"的观点,认为"选拔播音员只要是高中毕

---

①熊萍.播音与主持新论[M].长沙:湖南大学出版社,2017.

业、认识字、有好声音、会普通话足矣"，这样的论断在专业教育面前不攻自破。20世纪70年代的播音专业还没有建立系统的专业教育理论体系，但在借鉴传统戏曲、戏剧和影视、包括朗诵艺术等姊妹艺术的经验来研究播音专业教育理论的步伐没有停止，在这一阶段有了"播音发声学""语言逻辑（基本表达）"，对播音的性质、播音创作的目的及方法有了较为明确的认识。我国播音高等教育和理论研究有了新的发展。此时，全国范围内播音与主持艺术专业教育只有北京广播学院一枝独秀。

3."方兴未艾"的成长期（1983～2000年）

1983年，国家广播电影电视总局在太原建立华北广播电视学校（隶属于国家广播电影电视总局），招收播音与主持艺术专业学生，是国家广电总局干部培训基地。1990年，在华北广播电视学校的基础上建立广播电影电视管理干部学院，是全国唯一独立设置的广播影视类成人高等院校，也是全国最早独立设置的广播影视类高职院校。1986年，原隶属于国家广电总局的浙江广播电视高等专科学校在浙江杭州市建立，招收播音与主持艺术专业专科学生，学制2年。形成现国家广播电视电影总局领导下的一南一北两所专业院校花开并蒂的局面。20世纪80年代，国内高校还仅这三所院校开设播音与主持艺术专业。

专业建设是艰难的，理论体系的形成经过不断推敲、反复修改，对职业的认知和对专业教育的重视程度也在不断变化。20世纪80年代初，主持人的形式出现，有些人对"播音员""主持人"的认识开始二元对立起来，甚至疾呼"甩掉播音腔，远离播音员"。关于播音员、主持人的"二元对立"，张颂教授提出"必须把播音与主持合在一起才是专业教育发展的正确路径，才有助于形成典范的有声语言表达"。1985年，《播音创作基础》（张颂著）正式出版。为播音教育理论建设提供极大可容性和可行性的空间的第一部系统研究著作《中国播音学》，经历19位专家、学者近10年的锤炼，终于诞生了。它的问世，昭示着一个专业发展新阶段的到来。

在接下来的一段时期，天津师范大学国际女子学院开设播音与主持艺术专业（1993年，天津，专科）；同年，四川师范大学电影电视学院建院，同年招收播音与主持艺术专业（成都，本科）；老牌艺术院校上海戏剧学院于1995年开设主持专业，同年9月向全国招生（本科）。随着经济改革的深入和市场的不断活跃，广播电视传输技术、制作方式、经营方式都发生了巨变,播音与主持艺术教育业也随之面向市场、面向社会、面向群众、面向生活。

(三)飞跃发展时期的播音与主持艺术专业教育(2000年至今)

据统计,截至2001年开设播音与主持艺术专业的高校也只是个位数字。1996年,北京广播学院在原有播音系的基础上成立播音主持艺术学院。1999年,北京广播学院播音与主持艺术专业作为广播电视艺术学博士点的广播电视语言艺术方向,开始招收博士研究生。2001年,播音主持艺术学院语言学与应用语言学博士点开始招收中国播音学研究方向的博士研究生。2004年,北京广播学院正式更名为中国传媒大学,同年,中国播音学进入新闻传播学一级学科,脱离了语言学及应用语言学这个二级学科,升格为独立二级学科——广播电视语言传播。

2005年,中国广播电视协会播音主持委员会成立时统计:全国目前有150多所高校开办了播音与主持专业,每年招生人数约万人。2006年,有人做过的不完全统计列出180家。截至目前,涵盖前人统计,从采访、网络等渠道所获信息保守估计,全国开设播音与主持艺术专业的院校已达300家左右(包括高等专科与职业教育)。

较之传统的学科门类,播音与主持艺术专业是年轻的,它的成长是紧跟广播电视事业的发展。半个世纪的成长历程,经历了从无到有,从弱小到壮大。可喜的是在为我国广播电视行业培养播音与主持艺术专业人才方面所做的努力是卓有成效的。各院校在此期间积累了宝贵教学资源,并逐渐形成了一套行之有效的教学模式。在当前媒介融合的背景下,面对纷繁的媒介环境,面对媒体及社会对播音主持人才的更高需求,开设播音与主持艺术专业的院校在人才培养模式上、在教学改革上,必须适应媒介环境的各种变化,在保持传统优秀培养方式的基础上,针对新形势新变化,时移世易的做出战略的调整。我们对当下播音主持人才培养中存在的培养思路局限、培养模式单一和同质化竞争问题,应予以高度的重视。

二、播音支持教学的现状分析

(一)加速播音主持教育大发展的现实基础

目前,就我国开设播音与主持艺术专业的众多院校中,除了一定数量艺术类专业院校外,还有很多综合类院校的开办,甚至理工科院校也是蜂拥而至,已开设专业的院校还问题频发,缘何追随者又接踵而至？是什么引爆了播音与主持艺术专业？纵观近年来专业教育发展,可归纳出以下三方面影响因素。

1. 前提条件:腾飞的我国高等教育事业

教育是培养新生代准备从事社会生活的整个过程,也是人类社会生产经验得以继承发扬的关键环节。播音与主持艺术专业教育的壮大是与大的教育环境的发展密不可分的。改革开放以来,我国高等教育事业获得长足发展,取得令人瞩目的成绩,初步形成了适应国民经济建设和社会发展需要的多种层次、多种形式、学科门类基本齐全的社会主义高等教育体系。我国的高等教育既面临着千载难逢的发展机遇,也面临着前所未有的挑战。现阶段的大学教育,宏观上正在由精英教育向大众化教育转变。

播音与主持艺术专业教育从最初的"北广和浙广"——花开两朵,到今天的"遍地开花"。在教育部《全国学校艺术教育发展规划(2011~2020年)》中明确规定要全面加强学校学生艺术教育,在全国范围内开展中小学生、大学生艺术展演活动、高雅艺术进校园活动,等等。较之"学好数理化,走遍天下都不怕"的时代,家长及全社会都开始广泛关注并培养孩子对不同门类艺术的感知与学习能力。在音乐、美术等传统艺术教育大力发展的同时,播音与主持艺术、体育舞蹈等新兴艺术专业受到追捧；受到教育产业化的影响,播音与主持艺术专业教育的发展也成了高校新的学科增长点和不小的经济来源渠道,于是众多高校奋力纷争这个"香饽饽"专业。

2. 内部因素:火爆的考生市场

成就播音与主持艺术专业大发展的内部因素就是火爆的市场、狂热的考生。艺术专业考试的报考人数近15年来,呈直线上升趋势,至今势头不减。近百所高校按惯例在每年的1月至3月进行播音与主持艺术专业的报名考试工作,专业声望高、办学时间长、学生就业好的院校更是备受青睐、趋之若鹜,龙头院校中国传媒大学、浙江传媒学院等每年招收计划百人左右,但全国各省市报名人数近万人,考生一路披荆斩棘、杀到最后的可谓是万里挑一。

播音与主持艺术专业考试的升温不是体现在某一个高校、某一个省份,而是全国范围内存在的一种普遍现象。

如此高涨的报考热情,归其原因:①在传媒行业中,较之平面媒体,电视节目、网络视频都为播音员、主持人带上了璀璨的光环,在受众眼中是新闻消息的"权威"、是流行时尚的"代言",无形中成了许多青春年少的中学生心中崇拜的偶像,在他们看来,考入播音与主持艺术专业,就离实现了自己的"明星梦"不再遥远;②被"误解"的选拔过程与选拔标准,从表象来看,较之普通本科的录取分数线,艺术类考试录取分数略做下调,一些课业成绩不理想,又没有其他特长的学生,将它视为跨入大学门槛的一条捷径,因此部分学生带着一种投机心理报了播音与主持艺术专业,认为播音与主持艺术专业属艺术类,可以享受一定的降分优惠,而在招生录取中,专业面试分又占了较大比例。专业面试的随机性、主观性都比较大,往往被误认为只要会说普通话、天生一个好嗓子,就能够对付。

但狂热的市场表现背后,是各大院校专业选拔考试逐年增加的考试难度,从面试到笔试加面试,从初试到复试,各大学院的录取方式改革、录取比例加大都在提醒过热的考生市场:以投机的心态、自以为报考播音与主持艺术专业是一条捷径,岂不知是浪费光阴、耽误前程。陕西师范大学作为经教育部批准,西北地区最早开办播音与主持艺术专业的高校,办学水平已得到同行及考生的认可,每年报考人数都成倍增长,文化课分数线也在逐年提高,2004年录取的新生中最高分达到519分。从录取比例上看,该专业最终录取人数与报考人数的比率在15∶1~100∶1。中国传媒大学和浙江传媒学院该专业,近三年录取新生文化课分数均在450分以上,想要考入一所较好的学校学习播音与主持艺术专业,专业考核面试固然重要,但文化课考核的过硬更是必要条件。

3.外部条件:媒介的大融合扩大人才需求

播音与节目主持工作是广播电视事业的重要组成部分,又是广播电视传播中最有特色的部分,播音和节目主持工作的发展前景和整个广播电视事业的发展前景密不可分。1983年以前,我国是没有主持人这个概念的,广播、电视中出面的传播者是绝对的"播音员",履行着新闻宣传职责,全国范围内也只是1000余人。这一时期的播音工作不但业务素质要求极高,政治上对个人的审查也很严格。1983年1月1日《为您服务》开播,沈力老师作为第一位电视专栏节目主持人,给20世纪80年代的电视荧屏吹来一股清新之风,主持人节目蓬勃发展,一批优秀的节目主持人和节目一起成长起来。在栏目化管理的电视台、电台,需要主持人参与到日常节目的采访、编辑活动,原有的播音人员已经无法满足日益剧增的电视节目需要。很多电视台除了保留几名专职播音员播送新闻节目外,大多数的播音员走进了节目组,开始了新的主持工作。当原有的从业人员不足以应付各级广电单位和节目数量的剧增,除了接收国家分配的播音与主持艺术专业的大学毕业生,还要从社会上大量招聘热爱播音主持工作的人员。

21世纪初,"制播分离"和市场化的运作机制提高节目的整体质量,也对在相对不集中的管理体制中的播音员、主持人提出更高的要求。针对政治素质、业务能力各方面如何做出更全面、更科学的评估,需要一套系统、标准的管理规范。市场化制作机制下,民营机构加入,体制外的传媒公司大量的录制业务提供了许多节目主持岗位,推动了社会中有能力完成这项工作的专业爱好者加入这个队伍。

2004年,在全国高校播音与主持艺术专业教室高级讲习班上,国家广电总局人教司副司长表示:播音员、主持人队伍建设对播音与主持艺术专业来说是一件大事,培养什么样的人、塑造什么样的人,是和媒介环境、管理体制必不可分的,而高校作为人才培养的重要阵地,要在兼顾市场需求下牢固基础。

(二)播音主持专业院校的格局分布

要研究媒介融合背景下播音与主持艺术专业教育的发展,就必须了解国内专业院校的格局分布。从地域方位来看,目前开办该专业的院校多集中在中东部以及东南沿海各省市,其中在河南、湖北、辽宁、江西、广东5省新开设较多;在西部各省中,陕西、四川两省的专业院校分布相对较多。

就各院校专业办学所形成的特点,大致可分为四个层次。

第一,是专业龙头型院校。如中国传媒大学(原北京广播学院)、浙江传媒学院(原浙江广播电视高等专科学校),这两所高校发展历史较长,有着突出的专业特色和优势,以应用型为主,针对广播电视播音主持岗位培养了一大批业务骨干,同时兼顾研究型人才的培养。《新闻联播》开播至今的所有主播均为中国传媒大学播音与主持艺术专业毕业生。

第二,是综合支撑类院校。综合类院校往往都有丰富的综合教育经验与深厚的人文积淀,这类院校以综合专业优势为支撑,注重学生新闻传播类综合能力的培养,学生往往文化素养较高、基础扎实,专业一般下设在新闻传播学院或文学院,除了播音主持岗位,学生就业多为外出采访、出镜记者、新闻评论等工作岗位,此类院校如武汉大学、陕西师范大学、广州大学、河南大学等。

第三,是特色母体类院校。如上海戏剧学院、南京艺术学院、四川音乐学院和西安体育学院等,此类院校的优势在于原有艺体专业基础,借助原本在戏剧表演艺术、影视表演艺术、音乐教育或是体育等方面的优势来发展播音与主持艺术专业,学生的就业方向更明确,倾向于文艺类、综艺娱乐类和体育类节目主持。

第四,是民办独立院校,这类院校情况较为复杂。部分院校师资实力雄厚,拥有一流的教学设施,如天津师范大学国际女子学院和1997年成立的成都理工大学广播影视学院等。但独立院校往往面临生源水平较差、师资薄弱、学生就业难等问题,此类院校两级化严重,发展参差不齐。另外,还有一些院校的播音与主持艺术专业没有独立开设,而是作为专业培养方向设立在新闻学、广播电视编导等专业中,借助新闻传播类相关专业优势,培养侧重新闻理论或偏向节目制作的专业人才。

(三)播音主持教育特点分析

教学作为播音与主持艺术专业实现人才培养的重要手段,在专业教育中显得尤为重要,半个多世纪以来,我国播音与主持艺术专业教育在改革中不断进步与完善,已形成一套较为系统的理论体系。在专业教学上,灵活多变的办学体制更新了过去单一的体制、全方位开放式办学更新了过去封闭式的办学模式、过去标准化的培养模式被多样化培养模式取代,这些都是目前播音与主持艺术专业教育发展现状的优秀成果。目前各院校专业教育呈现以下几方面特点。

1.一脉相承的理论体系

播音与主持艺术专业理论研究的基础是播音工作中实践经验的总结,作为新兴专业,理论研究从无到有、从1947年邯郸台的《口播经验》和《播音经验》、从1948年齐越先生的《十天播音工作个人总结》,播音业务水平的每一次提高都与理论研究密不可分。张颂教授起初的"前理论"时期的实践探索和理论研究,为今天播音与主持艺术专业学科理论体系的形成打下了坚固基础。

目前,播音与主持艺术专业的理论体系是在继承老一辈播音工作者的研究成果的基础上,在中国播音学的创始人张颂教授带领下,将几代专家学者的理论研究集合而成。中国播音学的学科体系是具有中国特色的播音与主持艺术专业理论体系,这一理论体系是在哲学与美学、新闻学与传播学、语言学及应用语言学和文学艺术这四大学科基础上建立起来的,是全面的、系统的、实践的。从北京广播学院招收中文播音班,到目前国内院校播音与主持艺术专业的开设,无论本专科教育、硕士研究生和博士研究生专业教育均沿用中国播音学为我们搭建的理论框架、打下的理论基础。

2.强调能力培养的专业课程设置

科学的课程设置是培养学生能力与素养的有效途径。目前各院校的课程设置一般都包括三部分,公共课、专业课和选修课。公共课主要为文学艺术素养课程、思想政治素质和计算机等应用技术基础课程,公共课的设置基本勾勒出基础性素质教育的大致轮廓。选修课可以平衡跨学科间的教学资源,开阔学生视野,培养学生多角度思维。

对专业课程的设置,目前各院校的设置特有特色,虽提倡培养学生的能力素养,但课程设置普遍较为单一,传统的专业技能课程比重较大。可喜的是,部分院校专业课程设置正在将原本笼统的广播、电视播音与主持延展到节目策划、人际传播、演讲与辩论、即兴口语表达、播音心理学等重在培养学生综合能力以适应媒体工作的课程。

在专业课教学环节,各院校注重培养学生在专业实训课和相关实践环节中直接经验的获得。在播音发声学、普通话语音、文艺作品演播等专业基础课中,专业教师会采取"小课"教学模式,在反复实训中发现学生存在的问题,并通过示范、学生演练等实践方式予以纠正。在新闻播报、节目主持艺术等课程中,在专业教师指导下同学们大量的播报训练、模拟主持丰富了创作经验。在本科生培养方案中对专业实训课程也明确了课时数量。

为了满足采、编、播的职业要求,学生们在新闻采访、后期剪辑和摄影摄像等实践课程中掌握相关技能,教师会在实际采访拍摄中融汇理论知识。除了专业实训课中的实践环节,还鼓励学生多参加校内外的专业实践活动,如各院校每年都会举办的校园文化节、校园主持人大赛、诗歌朗诵大赛和辩论赛等,全国性的专业赛事如中国传媒大学主办的齐越朗诵艺术节、中国视协主持人专业委员会主办的全国校园金话筒主持人大赛以及

CCTV电视节目主持人大赛等。校内外各种赛事活动都是学生积累经验的有效平台。

3."一专多能"复合型的人才培养目标

从中国人民广播播音事业诞生之日起,培养什么主题,就像一条红线,贯穿于70年辉煌的历程中。语言传播人才培养虽具特殊性,但目前各院校的播音与主持艺术专业教育的人才培养目标都集中在:拥有高尚的道德情操,高度的责任感;强调有声语言的表达创作能力,能驾驭多种文体,掌握多种节目样态的主持技能又不失个性特点;要求文化底蕴深厚、具备理性思维和分析问题的能力,能适应各媒体的相关工作。为了满足在媒介融合的环境下媒体工作的各种变化与要求,在各专业院校与时俱进的培养目标中明确地提出"一专多能"、复合型的培养目标。

三、新的媒介环境中播音主持专业教育发展暴露出的多重矛盾

(一)学科定位多重矛盾

播音员在英文中翻译为broadcaster或announcer,意思是播报、发言,主持人却被翻译为host、compere或emcees,指主人或者担任某活动的主持。对于播音员与主持人的关系,张颂教授认为"播音员应该涵盖主持人",后来也有学者论证其观点,认为"主持人是播音这颗大树上长出的一个分枝,人为的夸大区别,既不现实,也不科学","主持人是播音员的一种法定身份,主持人的语言,只是播音员的一种特定方式。"

一般国外的电视节目主持人都是记者出身,以CNN为例,新闻节目主持人基本是有着数十年新闻记者经历的资深记者,主要从业人员是凭借对新闻传播事业的热爱,进入媒体工作。世界新闻传播教育迄今已有百年的历史,从人才的职业培训,发展到高等学府的殿堂,并日益成为一门显学。全世界新闻传播院系有上万所,国外许多开设各传播学、新闻学相关专业的新闻传播名校。在新闻传播类高等教育中设立播音与主持艺术专业以培养播音员、主持人,某种程度上可以说是具有中国特色的一门媒介艺术语言传播专业。

在教育部学科目录中,新闻学与传播学共同构成了一个一级学科——新闻传播学。1998年,在国家普通高等院校学科调整中,播音与主持艺术专业从新闻学类调至艺术学类;1999年开始招收隶属二级学科广播电视艺

术学的广播电视语言艺术方向的博士研究生——中国播音学方向;2004年北京广播学院更名为中国传媒大学,中国播音学脱离了广播电视艺术学、语言学及应用语言学这个二级学科,进入一级学科新闻传播学。在2012年9月新修订的学科目录中,播音与主持艺术专业调至新增一级学科——戏剧与影视学,专业代码中的"*"被取消,这意味着播音与主持艺术已不再属于特设专业、受国家控制开设,而被划归普通高等教育专业。

把播音与主持艺术专业定位于新闻学,定位于语言学,定位于艺术学,还是最新纳入的戏剧与影视学,绝对的纳入任何一个学科门类,都是一种狭隘的学科定位。这并不是对其他各学科的蔑视,而是对该专业自身独特性的重视。因为可以肯定的是,该专业是一门实践性非常强的应用型学科,但实践性强并不意味着不重视学科理论体系的建设;另外从专业教育和播音与主持工作的性质、特点来看:该专业具有播音与主持工作所赋予的多重属性,在新闻传播活动中既是传播者,具备新闻属性,扮演"把关人"的角色,在舞台上又是功力深厚的语言艺术家,通过有声语言将传播内容上升至受众的审美体验。播音与主持艺术教育的定位是要培养兼备广播电视播音学、新闻传播学、语言文学及美学、心理学等多学科知识与能力的复合型新闻传播高级专门人才,学科定位一定要结合时代发展与时俱进、博采众长、多管齐下。

(二)专业院校激增与各种资源短缺的矛盾

1.产销不对路的培养模式

对于播音与主持艺术专业而言,从电台、电视台过去较为单一的选人用人条件,到今天传统与新兴媒体共存的复杂媒体环境下,作为教育教学单位,大学本科4年学习时间,到底需要培养什么样的人才,才能适应媒体日益变化的工作环境、胜任多种媒体的各项工作、满足受众日益高涨的文化需求,禁得起市场检验。

在相当长的一段时期里,人们通过报纸、广播、电视获取日常所需的信息,当网络技术、数字技术快速蔓延至各个角落时,受众接触媒体的原有规律被打破。目前,播音与主持艺术专业较之传统专业在就业方面还是较为乐观的,但当很多毕业生怀揣"央视名嘴""当家花旦"的梦想跨入校门,最后也仅仅进去了市级、县级电视台。专业教育的矛盾显现出来,大量毕业生四处寻求发展,各大媒体又疾呼招不到优秀专业人才。媒体要求"上手快",各项工作无缝对接,这让校园中纸上谈兵的学生无处下手,应用型专业的应用鸿沟出现。

从国家布控专业到完全放开,播音与主持艺术专业在各类院校开设、专业教育备受争议。一些学者认为高校教育虽然从"精英教育"向"大众教育"转变,但是艺术教育中的很多专业仍然应该坚持"精英教育"。当网络技术与数字技术充斥到社会生活的各个角落时,整个社会信息化程度日益加深,来自传统媒体报纸、杂志、广播和电视的信息与来自新兴媒体手机、网络等载体的传播内容相融合;各媒介平台不再孤军奋战,各传媒集团结构性重组。这就对播音与主持艺术专业教育的培养模式提出更高要求,在大众教育的体制下培养适应媒介发展的精英专业人才。培养传销对路的专业精英,就要把播音与主持艺术专业教育置身于多元文化整合的媒介环境之中,关注网络媒体、车载电视、手机电视等新兴媒体;在教学中培养学生的跨媒体工作的专业能力、提升综合素养。

2.师资力量短缺

专业院校规模的扩大引发的各种资源力量短缺最主要体现在师资力量的短缺。教学规模的扩大使原本的师资无法满足课程设置与课时安排,师生比例失调,专业教师队伍的知识结构有待更新,各院校只能依托电视台、电台办学,外聘的教师承担部分课程任务。以甘肃省两所开办播音与主持艺术专业院校的院校为例,兰州城市学院2009年开办播音与主持艺术专业,共有6名(包括兼职)专业课教师,西北师范大学2007年开始招生,也仅有4名(包括兼职)专业课教师,专业教师的短缺无法满足专业课程设置的要求。

3.教学设施短缺

首先,体现在专业院校规模的扩大引发的各种资源力量短缺方面;其次,体现在专业教学设施的不足方面。播音与主持艺术专业教育是一项高投入的特殊专业教育,需要一定的教学设施——如广播录音室,模拟演播室和一系列的听、录、播、演、摄控制设备作为教学场所。以保证在模拟现场环境中实现教学目的。但目前各院校教学设施上,如教学场地、教学设备严重不足,大部分院校的办学条件相对滞后,教学设施亟待资金的投入来改善。

4.教学环节设置的不合理

通过调查还发现,当下播音与主持艺术专业教育在新的媒介环境中、在教学方面,普遍存在课程结构不合理、课时利用率不高、课程内容的更新慢、教师教学方法陈旧、部分教材落后于广播电视事业的发展;人才培养的层次区分不明显,专科、本科、双学位及研究生在专业教学上都没有太大区别。这些问题导致学生专业技能掌握较为单一、各种媒介环境的适应性较弱,新闻素养、媒介素养都急需加强。

媒介技术的革新与媒介环境的变迁要求我们的专业教育不能照本宣科、搬救兵,我们的专业教育也要主动去认识、去了解新技术为专业教育带来的新要求、新变化。

第四节 融媒体下的播音主持概述

一、融媒时代播音主持的传播环境

(一)媒介融合与全媒体

1. 媒介融合

这是一个信息爆炸的时代,媒介环境日新月异,媒体竞争云诡波谲。随着以数字技术、网络技术为核心的信息传播技术不断深化,信息产业崛地而起,互联网的发展生机勃勃。在互联网不断普及,5G移动通信技术日益成熟的趋势下,媒体时代的发展可谓瞬息万变。从最初纸媒的电子报、手机报、数字报,到广播媒体的口袋广播,电视媒体推出数字电视、网络电视,再到如今手机媒体上各种各样层出不穷的移动互联网应用,短短数年之间,融媒体的触角已经深深地延伸到现代社会的每一个角落,深刻地影响着人们生活的各个方面。

单一媒体的发展早已不能满足当前人们日益膨胀的政治需求、经济需求、文化需求和娱乐需求。融媒体凭借着它独有的数字化、网络化、交互性等特点,在短短的十几年时间就达到了传统媒体通过数百年才形成的受众规模。传统媒体在融媒体猛烈的攻击下夹缝求生,努力探寻着数字化生存之路,而新兴媒体也在一轮又一轮技术更迭中不断颠覆自我、推陈出新,在与传统媒体的短兵相接中谋求着一轮又一轮新的发展。新兴媒体和传统媒体不断碰撞、渗透到融合,大众传播时代已然发展到了融合阶段。

媒介功能理论认为,传播媒介是社会结构变迁的动力之一,媒介能够超越社会文化,推动社会的发展。近年来,融媒体的发展渗透至各行各业,推动着社会结构的转型变革。而其中,移动融媒体的发展更是一日千里,微传播逐渐成为舆论场中的强势力量。微博、微信、短视频一类的移动互联网应用不断涌现,逐渐成为主流传播方式。融媒体向政治领域、经济领域不断渗透,电子政务、电子商务深化发展,微传播为新时代中国政府信息公开提供了新路径,也为互联网金融打开了新市场。此外,各种形式的自媒体平台充分涌流,"公民新闻"引起的全民传播让观点与视角更为多元,也让大众传播以传播者为主导的模式逐渐向以用户为主导转变。与此同时,传统媒体纷纷开拓融合转型之路,加速全媒体业务形态整合发展,中国网络电视台、芒果TV、凤凰FM等拥有全媒体特征的融合型网络视听终端不断涌现。

据CNNIC中国互联网信息中心在2014年初发布的第三十三次《中国互联网发展状况统计报告》指出,当前我国网民规模已经达到6.18亿人,全年新增的网民人数共计5358万人,互联网普及率达到45.8%。从近年的多项研究报告可见,中国互联网用户增长已由高速发展期进入了稳定增长阶段,中国互联网普及率也逐渐饱和。这就意味着互联网的发展轨迹将从"数量"慢慢向"质量"转变,新旧媒体在相互影响、相互碰撞中将更加着重强调"融合渗透"的发展。

2014年8月中旬,《关于推动传统媒体和新兴媒体融合发展的指导意见》(简称《意见》)在中央全面深化改革领导小组第4次会议中审议通过。该《意见》强调了新旧媒体融合发展在文化宣传领域改革中的重要地位。《意见》指出,推动传统媒体和新兴媒体融合发展,有效整合新闻媒体资源,强化互联网思维是落实中央全面深化改革部署,推进文化宣传领域改革创新的一项重要决策。可见,新旧媒体融合发展已经成为国家深化改革发展的一项重要战略。

2. 全媒体

媒介融合是媒介时代发展的必然,在融媒体以迅雷不及掩耳之势涌入人们生活之时,"超媒体""全媒体""融媒体"等一大批描绘媒介变革发展的概念也进入了人们的眼帘。媒介融合的内涵十分丰富,不同的视角下会有不同的理解。近年来,各大媒体频繁使用"全媒体"一词描述媒介融合趋势下的媒介现象和改革走向。本文针对媒介融合的时代背景研究当前播音与主持艺术专业人才培养的改革方向,因此选择"全媒体"与"融媒体"两个概念进行简单的界定分析,以加深对融媒时代媒介发展的理解。

"全媒体"一词在学界并没有确立统一的定论,这是一个源自业界应用层面的概念。杭州市余杭区人民法院院长罗鑫在《中国记者》上对"全媒体"进行了初步界定:全媒体指的是媒体机构和运营商采用多媒体手段,进行不同媒介形式间的融合,并产生质变后形成的一种传播形态。而致力于全媒体前沿研究的中国人民大学彭兰教授则给出了这样的阐释:"全媒体是指一种业务运作的整体模式与策略,即运用所有媒体手段和平台来构建大的报道体系。"可以看出,"全媒体"不仅是一种传播形态,也是一种业务运作方式。究竟应该如何界定"全媒体"?各家之言不尽相同,但我们在可能查找到的定义中能够看到其中的共性:"全媒体"概念中的"全"突出的是全面的多媒体手段,包括了文字、图形、声音、图像、动画、视频和网页等形式,以及全方位的媒介业务形态,包括音像、广播、电影、电视、杂志、出版、报纸、网站等介质。

在学界与业界不断对"全媒体"进行不同角度解读的同时,媒介学者唐润华在《走出"全媒体"的集体迷思》一文中特别指出,"全媒体"概念过于"大而全",无法给出一个清晰的定义,并认为该概念的内涵和外延都不确切。因而导致很多媒体机构的错误理解,把"记者装备齐全""设备丰富多样"等作为全媒体发展战略的大纲执行。2014年12月,资深媒体人、北京大学新闻与传播学院兼职教授栾轶玫在《光明日报》上发表了题为"建议用'融媒体'替代'全媒体'"一文,指出"融媒体"的概念已经蕴含了"全媒体"的概念中包含的含义,另外,除了有媒体要"全"之外,还强调了各种形态手段之间的"融合渗透",包括从介质、生产、形式、平台等的融合互通。[1]

因此,笔者在研究过程中,以"融媒体"阐释当前的媒介融合过程中出现的媒介间相互渗透融合的现象和形态,并借鉴美国南加州大学传播学教授亨利·詹金斯对"融合"的定义,在此对"融媒时代"进行初步阐释:融媒时代指的是多样化的媒体系统共存,媒体内容横跨不同的媒体系统顺畅地流动传播、融合发展的媒介时代。他所涉及的一些共同理念包括横跨多种

---

[1]高鹏飞.融媒体背景下的播音主持素养探析[J].新闻传播,2020(21):98-99+102.

媒体平台的内容交流、多种媒体产业之间的密切合作、寻求新旧媒体缝隙间的媒体融资新框架、寻求各种娱乐体验的媒体受众迁移行为以及与之衍生出的社会文化系统。媒介融合包括媒介内容系统融合、媒介组织系统融合、媒介网络系统融合、媒介终端系统融合、媒介规制系统融合等五大方面。

(二)融媒体时代主持传播的表现形态

1.传统广播电视节目的主持人

中国广播电视事业发展至今已有70余年,拥有广泛的群众基础,培养了相对稳固的受众收视习惯,这是融媒体难以企及的。

在媒介融合不断推进的今天,传统广播电视依然是播音员主持人从业最为广阔的媒介平台,传统广播电视主持人依然是融媒时代主持传播的主要形态。

与此同时,在融媒体不断冲击下,传统广播电视主持人也积极地参与到融媒体节目的产制当中。2005年4月,电视节目《超级方程式》和《超级访问》的主持人李静,就与新浪UC联手打造了国内第一档网络视频的互动节目,名为"静距离"。这个节目以新浪UC视频聊天室为平台,结合了传统电视访谈聊天以及网络在线聊天的特点,不仅与嘉宾聊天,也能实现与网友实时互动,形成了主持人、嘉宾、受众三线交流互动的形式。在初次试水网络视频节目后,李静比较了传统电视节目主持与网络主持的区别,认为网络主持除了与嘉宾进行互动外,还要跟大批网友进行实时互动,节奏感太强。

李静为传统广播电视节目主持人试水网络节目主持开了一个先河,在此之后,越来越多的播音员主持人尝试这种模式,包括北京电视台主持人胡紫薇在奥运会期间与搜狐视频合作主持了一档网络谈话节目《奥运紫微星》,浙江卫视《中国好声音》主持人华少以腾讯视频为平台主持一档网络明星谈话类节目《大牌驾到》,还有中国台湾作家兼综艺节目主持人蔡康永与内地文化名人马东、高晓松在爱奇艺合作主持的中国首档说话达人秀节目《奇葩说》等等。

2."台网融合"模式下的节目主持

顺应媒介融合的大趋势,早在数年前传统广播电视业就已经开始尝试触及网络,开发自身在网络上运营的节目播放平台。这种"台网"捆绑模式为传统媒体增加了内容分发的渠道,同时也搭起了与用户沟通的桥梁。中国国家网络电视台、凤凰网、金鹰网、BTV在线等都是这类模式的代表。2013年起,这类型由传统媒体开发的网络平台也逐渐进行了移动化升级改造,打造出传统媒体的移动客户端,譬如芒果TV、凤凰视频、凤凰FM等。传统媒体的移动互联网应用融合了传统媒体和移动互联网的双重特性,使传统媒体节目内容真正实现"随时随地"传播。

在此模式下,广播电视节目主持人有了更多更新的表现,也被赋予了更多的内涵。他们除了兼顾原有的传统广播电视节目的播出,也需要注重PC端、移动端用户的信息传播需求,如碎片化接收、非线性接收等特点。此类型主持人节目的代表有凤凰融媒体原创的《凤凰非常道》以及北京电台推出的视频访谈节目《我与奥运共辉煌》等。

3.综合性网站里的主持人

腾讯网、新浪网和搜狐网一类的综合性网站在其建立之始就不断地尝试推出原创视频节目。在腾讯网上,《娱乐名人坊》《管理E言堂》《盛世龙门阵》《美容问诊室》等一系列针对不同领域的原创节目一时间涌现,同时在其视频频道还设有"互动直播大厅"进行体育直播和电视直播(现已根据国家广电总局相关政策取消)。主持人需要在直播的过程中挑选用户即时提出的问题,并与该期节目嘉宾进行实时交流。这种三点交互的模式是该类节目中的一个主要特点。而该类节目的主持人一般由网站内部的编辑人员担任,他们以其对节目内容、节目形式的把握当仁不让地担当起这个角色。可以说,网站内容编辑是综合性网站节目主持人的雏形。

4.视频分享网站推出"自家"主持人

2007年,国家广电总局向视频分享网站颁发了首张广播电视节目制作经营许可证,这意味着专业视频分享网站开始拥有了自己制作和发行音视频节目的权利。而在当时,优酷网是最先获得这一许可的网站。

在此之后,一大批网络原创栏目出现在专业视频分享网站中,网罗了大批"粉丝",其中较具代表性的应算酷6网的明星栏目——《山寨新闻》。该节目是一个原创网络新闻节目。在节目中,演播厅内各种具有农村特色的陈设,凸显了节目的"草根性"定位。主持人"西葫芦"自命为"山寨村"的村主任,一身农民打扮并采取独具个人特色的播报方式,以深入浅出的方式点评每日发生的重大新闻。节目一改庄重严肃的新闻节目格调,令人在轻松愉快的心情下也能接收到当天的重大新闻信息。就以这种模式——《山寨新闻》在短时间内就已经拥有了大批"粉丝",颠覆性的新闻节目风格受到网友的热捧。

5.手机电视节目主持

2014年被称为移动互联网发展的元年。移动互联网改变了人们接收信息的方式,使信息传播更为便捷。而手机作为一个移动互联网的终端有着极强的社会渗透力,可以在短时间内将视听节目信息送达受众的手中。随着流媒体技术的发展和5G技术的普及,通信网、广播电视网和互联网深度融合,手机电视迅速成为各类传播集团争占的业务平台。随着首张PTV牌照的颁发,上海文广新闻传媒集团也顺势成为当时国内第一个被允许传输以手机为载体的视听内容的机构。

SMG开始为手机用户专门制作各类型短小明快的视听内容的同时,也关注起视听内容中的一个重要元素——主持人。2007年,上海率先在当地各大高校学生中评选出了一批专门的手机电视主持人。比赛的评委——上海东方龙融媒体总经理吴春雷在比赛时就评论道:"手机电视主持人与一般主持人相比,应具备一些不同的素质——他更为新潮、轻松、清新、偏娱乐,最重要的是需要跟用户产生交融感、亲切感,使我们在小小的屏幕中产生沟通交流的欲望。"

6.自媒体播客

媒体融合让每个人都能够成为传播者,传播渠道和平台不再牢牢地被传媒集团拴死,各式各样自媒体平台的出现使多元声音碰撞出灿烂的火花。自2003年世界上第一个播客在美国诞生起,自媒体传播以其草根性、贴近性的优势迅速席卷媒介时代。人都能够成为主播,众多"草根"平民开始自己制作自己的节目,各式各样独具特色的主持人的出现令融媒时代的受众有了更多的选择。例如,北京一名播客网名"胖大海",通过制作一些搞笑的视频在网络上爆红,后来连北京电视台也邀请他做电视节目主持人。

2013年,移动手机应用荔枝FM正式推出,应用创建伊始就迅速吸引了一大批具有主播梦的用户。在荔枝FM手机轻电台应用上,用户可以轻松创建自己的电台,直接运用手机自带的"录音机"功能即可迅速制作节目上传。荔枝FM把创建电台的门槛从专业DJ延伸到了普通的用户人群,各种各类的特色节目在这里丰富呈现。荔枝主播不仅可以通过这个平台发布个人感兴趣的自制节目,而且还可以通过制作优质节目内容来获得用户和第三方的购买和转载从而获利,形成良性循环。如此一类的自媒体平台日渐增多,吸引着众多用户的参与,比如微信公众平台、米聊订阅发布平台、搜狐新闻自媒体平台、网易新闻媒体开放平台、网易云阅读开放平台、360自媒体平台、百度百家自媒体平台、今日头条媒体平台、微淘公众平台等等,各种各样的自媒体平台让信息时代百花齐放。

自媒体让更多人有了成为播音员、主持人的机会,另外,传统媒体主持人也可以利用自媒体来打造个人品牌,迅速赢得用户的关注,以促成媒体品牌与个人品牌的良性循环。

媒体融合时代最显性的特征就是媒介壁垒逐渐打破,多元媒介融合发展。媒介融合不是一种状态,而是一个发展的进程。因此,本节在分析主持传播的表现形态的同时,只能列举近年发展较为成熟的几种模式。随着媒介融合的不断推进,媒介之间的壁垒将更加模糊,各种各样的新模式也将源源不断地涌现。上述6种表现形态只是冰山一角,互联网电视、IPTV、网络电视等融媒体平台也为主持传播提供了可能,在此不再一一枚举。

二、融媒时代播音主持的传播特征

(一)信息传播特征

1.超越时空界限

不同媒介平台有其独有的传播特征。报纸是我国传统媒介的主要形式,具有易保存、权威性强,便于传播一些思想性较强、有深度的内容的优势。而由于其特有的保留价值,使之能够更好地传播一些时空跨度较大的信息和内容。中国广播事业的发展伴随着新中国成长,传播上实现了由文字到声音的过渡。传统电视集画面、声音、文字于一身,拓展了报纸和广播的视听纬度,具有强烈的感染力。

然而,无论是报纸、广播、电视都是单向的属于"传者主导"型的传播模式。"我说你听""你播我看",受众在传播过程中是被动的,传播具有时间和空间的限制。作为民族传统文化盛宴的"春晚"已走过了30多年的岁月,大年三十家家欢聚在一起看春晚的习俗逐渐形成。这是在传统电视的单向传播的模式下形成的一个电视文化仪式,人们只有在大年三十群聚一起才能观看电视"春晚"。融媒时代的今天,观看春晚不再需要准时守候在电视机前,我们可在PC端或网络电视终端、甚至是移动终端上选择节目即可随时随地观看。新兴媒体以其数字化、移动性、交互性、网络化等特点引爆媒介时代,媒介融合可以借助互联网覆盖面广、交互性强、不受时空限制等特点克服广播电视转瞬即逝、单向传播的缺点,进行多层次的传播。

2. 人人都是媒体

美国学者马克·波斯特把大众媒介时代区分成两个部分,"第一媒介时代"指的是以互联网为代表的新媒介出现之前的大众媒介时代。在第一媒介时代,媒介由传播者主导的,传播渠道具有极大的限制,话语权掌握在传播者手中。而到了以互联网为代表的第二媒介时代,传播渠道极大开放,互动传播成为时代的一大主题。通过数字化融合,传统媒体可以实现点对点的交流,给受众提供发表意见、参与讨论和提出建议的平台,传统媒体可以利用互联网进行自我服务和反馈。与此同时,自媒体的出现也使普罗大众拥有了发表自己意见的渠道,个性化的意见表达、多元化观点透视使融媒时代的信息传播丰富多彩。

"公民新闻"一词最早出现于20世纪90年代的美国,随着web2.0时代的来临逐步兴盛起来。目前,学界对"公民新闻"没有一个统一的定义,暂可理解为"公民通过大众媒介和个人摄录、通信工具为广大受众选择、撰写、分析和传播新闻信息的行为和现象"。公民新闻是对传统新闻传播的一种颠覆,公民拥有了通过自媒体平台发布新闻信息的能力。它的出现让受众从"被时代"走进了"我时代"。传统意义上的"传者"和"受者"的界限逐渐模糊,取而代之的是每个人都是"用户"。作为传播过程中的任意一端,用户既具有传播的能力,也具有接收的能力。这不仅令传播主体发生了位移,也促使融媒时代的信息传播更加多元、更为快捷。

3. 超细分众传播

受众需求是推动媒介融合的社会基础。经济的飞速发展促进了人们生活水平的提高,人们对信息的需求呈现出多元化趋势,单一的内容已无法满足人们日益高涨的政治、文化、经济、社会需求。在信息爆炸的今天,受众可以在无边无际的信息海洋中,根据自己的个人兴趣自主选择内容和话题。而这就要求传播者在激烈的信息传播竞争中必须满足不同受众的不同需求传播特定的内容。于是,在受众中心化的融媒时代,信息传播就呈现出了分众化、小众化的特征。

技术的发展推动着社会的发展。大数据、云计算技术的出现给快速发展的媒介时代描绘了新的蓝图。决策者可以通过大数据技术储存海量的用户数据并进行用户行为的分析,这为新一轮更精细的受众分化提供了可能,未来的媒体通过大数据技术将实现"比用户自己更懂用户"的传播,传播的靶子更为精确。

4.传播移动化

2014年被称为移动互联网元年。自2013年4G移动通信技术开始商用以来,基于手机媒介的移动互联网迅速发展。移动互联网成为媒介融合过程中的一个重要支点。报纸、广播电视、网络通过与手机媒介的融合实现了移动传播。手机媒介的产生让信息传播的全过程实现了移动化,移动化的内容生产、移动化的信息发布、移动化的终端接收,传播移动化成为新时代传播的重要特征。

5.碎片化传播

传统媒体的传播模式具有明显的中心化特点,而融媒体作为一个"舆论场",就其本质而言是去中心化的。融媒时代信息爆炸,多元声音充分涌流,分众传播成为必然。人们在海量的信息中根据自己的意愿选择获取信息的方式、内容和途径,而这种获取的方式是以自我为中心的。个人可以充分利用零碎的时间来接收信息,而这个过程通常并非连续,于是也就形成了融媒时代碎片化的传播特征。

无论传播的主体、传播途径、传播的内容或方式,抑或传播的客体都呈现出碎片化的倾向。美国未来学家阿尔温·托夫勒在《第三次浪潮》中指出:"这是一个碎片化的时代,信息碎片化、受众碎片化、媒体碎片化。"传播主体碎片化体现在传播者以自我为中心构建信息传播与接收体系,彰显自己的个性特质,任何观念都以是否满足了"我"的需求和喜好作为衡量标准。传播主体的这种以自我为中心的传播方式,也在一定程度上导致了融媒时代的信息传播具有明显的个性化特征。

(二)主持人节目特征

网络广播影视、IP电视、手机电视、社交电视……一大批不同形态的视听融媒体的出现使传统广播电视受到了猛烈的冲击。主持人节目作为传统广播电视节目的一种类型,在融媒时代需要适应融媒体平台的传播规律进行融合发展。由上文分析的融媒时代的传播特征可探寻融媒时代主持人节目的特征。

1. 非线性

传统广播电视的传播模式具有即时传播、不可逆转、不可保存的线性传播特点。同一时间男女老少聚集一起收听或观看广播电视节目,可以沟通彼此之间的感情,营造出属于传统广播电视特有的一片"共同空间"。这种传播方式使传统广电具有独特的魅力的同时,也对收视率造成了很大程度上的影响。视听融媒体具有数字化的优势,实现了随时点播、反复观看,可保存、可回放、可快进等非线性播放特点,不再受到传统广播电视播放固定时段、固定时长、节目编排、季节因素等特点的影响,充分满足了受众随时随地接收视听信息的需求,同时也极大地满足了受众个性化选择节目内容的需要。而视听融媒体的这种非线性传播方式更有利于节目实现多层次传播。

2. 互动性

融媒体信息传播的本质特征是互动性。"交互意味着每个人既是传播者又是接收者,意味着信息源与信息接收者之间的多向交流。"传统电视局限于有线电视网络的"闭路"传输,难以实现基于媒体终端的即时互动和受众反馈。融媒时代的主持人节目借助视听融媒体平台,可以很好地实现与受众即时互动、即时交流。比如,大家可以在公共聊天节目中即时发表自己的看法,在节目中与主持人一起探讨,最终达成一致的意见。融媒体的互动性使主持人节目拥有了生动灵活的交流方式。

3. 多元化

融媒时代的信息传播具有碎片化的特征,而这种碎片化体现在信息传播的全过程,包括传播主体、传播方式、传播客体以及传播内容等方面。碎片化在传播本质上是整个社会碎片化和多元化的一个体现。就传播方式而言,融媒时代的视听节目的传播方式是多元的,比如,广播节目可以通过卫星广播、网络广播、手机广播或者"播客"等传播途径实现传播;而视听传播的内容也是多元的,融媒体时代网络覆盖面广,受众体量庞大、群体分化,对视听内容消费呈现出多元性;传播的主体更是多元,融媒体时代去中心化的特点让每一个人都具有话语权,通过自媒体等平台各色各样的人都能成为视听节目的传播主体。

4.个性化

大数据技术的出现使得媒介融合下的节目受众得以更精细分化。在主持人节目多元化的同时,节目内容也呈现出个性化的特点。融媒时代与以往传者主导型的大众传播不同,节目的生产创作需要满足受众的偏好才能赢得市场。在超精细的受众细分下,传播内容必须更具个性化和专业化,才能够满足具有独特偏好的"靶子"的需求和喜爱。尤其对于主持人节目而言,主持人的语言是否具有个性特点,是否能够满足受众群体的特殊偏好,成为节目能否在日益激烈的市场竞争中制胜的关键。

三、融媒时代播音主持的从业要求

主持人与主持人节目密不可分,主持人作为视听节目的一个元素,在视听融媒体不断推陈出新的今天,也被赋予了更多的内涵和要求。业界对播音员主持人的要求越来越高,迫切呼唤"全能型"主持人。

(一)即兴口语表达好

融媒体时代,信息传播越来越便捷,节目产制时间大大缩短,节目形式丰富活泼,直播节目也越来越多。主持人在内容生产过程中不可能再如以往一样可以"照本宣科",其自身必须具备良好的即兴口语能力进行即兴的有声语言创作表达,才能应对日渐压缩的内容生产流程。

在信息传播逐步转向用户主导型的传播模式下,主持人的角色不再是"传声筒"和"报幕器",不再是信息传播和内容表达的一个象征元素,而是真正意义上作为一个独立的"人"的个体存在于节目中,能够表达"自己"的观点、声音和态度。

(二)即时互动能力强

网络媒体兴起后,国内出现了多档网络原创互动栏目,有李静主持的网络视频互动节目——《"静"距离》、胡紫薇主持的《奥运紫微星》、网络主持人大鹏主持的《大鹏嘚吧嘚》,还有爱奇艺推出的《奇葩说》等等。这一类型的融媒体网络节目的主持人都拥有着强有力的互动交流能力。

融媒时代下的视听节目比传统广播电视节目更注重交流与互动,改变了以往一味宣教的模式,增添了不少与受众互动的内容和环节。受众互动也成为融媒时代节目创作的一个重要部分。融媒时代的主持人必须具有与受众进行即时互动沟通的能力。

(三)专业知识储备深

融媒时代的视听节目具有多元化的特点,节目内容和主题囊括了政治、经济、社会、文化等诸多领域。在受众分化的时代,受众对自身感兴趣的内容如数家珍,这就意味着在节目多元化的同时,主持人自身的专业知识储备必须足够丰富,才能满足具有独特兴趣的受众群体的心理需求。

中央电视台2015年打造了国内第一档中韩明星跨界体验类真人秀节目——《叮咯咙咚呛》,来自中韩两国的明星需要奔赴多地学习传统京剧、越剧、川剧表演,而该节目的主持人董艺就深谙戏曲文化。董艺的母亲是一位戏曲演员,董艺自小学习戏曲,在中央电视台主持了10余年戏曲节目的她对中国传统戏曲文化十分了解。这样的经历让她在节目中如鱼得水,也让受众对她有着更强烈的代入感和认同感。

(四)媒体创作技能全

国外对主持人的理解与我国不同。主持人一词起源于美国,最初的定义是指"具有采、编、播、控等多种业务能力,集编辑、记者、播音员于一身,在一个相对固定的节目的个人"。我国播音主持事业的发展伴随着新中国的成长,特殊的工作性质与历史任务使播音员主持人从一开始就具有"专岗化"的特点,一般特指"在话筒前、屏幕前直接向听众、观众进行有声语言传播的专业工作者"。

融媒时代的主持人节目一般是以主持人作为节目负责人的形式存在的,主持人的意识在节目创作中占据主导地位。国内主持人单纯进行有声语言传播的分工模式已不能满足日益变化的媒体发展需求。在全媒体发展日益成熟的今天,信息传播速度飞快,主持人集采、编、播、评于一身才能保证信息能够在第一时间传播出去。

"全能化"主持人成为媒体时代对播音主持的新要求,运用多媒体进行创作是所有媒体人都必须具备的技能。传统媒体分工明确,每个人只要专攻自己的业务即可,然而内容生产融合要求每一个从业人员除了有良好的业务能力外,还必须熟练掌握和操作各种媒体设备,具备多媒体技能和多种内容产生的能力。主持人作为节目的话语窗口更需掌握全面的创作技能,才能更有效把握节目方向。

(五)个人品牌色彩丰

时代的变革令节目主持人不再以大众普遍审美的价值形式存在,即不再充当"大众情人"的角色,融媒时代下受众会根据自己的偏好和心理需求对节目主持人提出不同的要求,这就需要主持人必须具有鲜明的个性色彩,向个性化方向发展,并建立起个人品牌。这并非仅仅指主持人的形象,更重要的是主持人的个人魅力、语言风格和素质面貌。一个具有鲜明个性色彩的主持人在很大程度上能够影响节目的整体格调。在融媒时代下,只有具有个性化的主持人才能够在大批量主持人流线生产的职业竞争下赢得自己的一席之地。

总的来说,融媒时代的到来给播音员主持人提出了更高的从业要求,播音员主持人必须具备良好的即兴评述、即时互动、个性表达的口语传播能力,舆论领袖的精英化话语能力,融媒体创新性内容产制能力以及媒体与个人品牌的同步打造能力这四大能力,才能在信息充分涌流的媒体竞争中,在人人都是主持人的媒介时代中出奇制胜。

第二章 融媒体时代下广播播音主持教学的嬗变

第一节 声音媒体平台和声音节目的嬗变

一、声音媒体平台的嬗变

(一)电声广播

电声广播是指通过电子或电磁传输设备广泛地传播声音的形式传递信息。最初的电声广播也就是我们常说的广播(Radio),随着科技和互联网技术突飞猛进的发展,以及传受关系的日臻变化,一种与广播相对应的传输形式也逐渐浮现在世人面前——窄播。

广播是指通过无线电波或有线传送声音传播信息的重要工具。根据传送的物理形式可以分为有线广播和无线广播。中国境内的广播最早诞生于20世纪20年代。中国最早的广播电台是1923年由美国人奥斯邦在上海租借创办发射的;1926年,刘瀚在哈尔滨创造了第一家中国人自己的广播电台;1940年12月,延安新华广播电台——中央人民广播电台的前身——在宝塔山下发出第一声呼号,这是中国人民广播事业的初始。

作为声音节目平台的电声广播依靠其声音传播信息特质,正在发挥着这一传统媒体的特有优势,即传播广泛、时效迅速、功能多样,且富于感染力。但同时,作为传统媒体——广播自身也有着先天的不足。比如听众是被动接受信息,选择性差;只能听到声音,获取信息的感官调动单一,容易分散注意力;信息稍纵即逝、过耳不留、保存性差;其线性传播的方式也使得受众只能按照既定的节目顺序,缺乏选择性。这些先天的不足为传统媒体——广播带来了媒介行业竞争中很多尴尬,甚至有点儿捉襟见肘。

1.广播与窄播

这是一组传播学的概念。它的传输方式的"广"与"窄",只是相对而言。电声广播是指通过无线电波或有线传送声音传播信息的重要工具。根据传送的物理形式可以分为有线广播和无线广播。那么,无论是有线广播还是无线广播,都适应广播和窄播的概念。

以新中国广播为例,在相当长的一段岁月里,广播体制承担着公共收听的任务。这种公共收听就是广泛传播,即广播。如,九台市广播站于1952年4月率先在全国实现有线广播"村村通"。如果说"村村通"是手段的话,那么,我们历数一下那些年我们成为生活习惯的节目,《新闻和报纸摘要》《小喇叭》《午间半小时》……这些虽然是目标听众有所设计,但是从内容和表达方式上来说仍旧具有普适性,适应全部人群收听。

时间进入1986年12月,广东珠江经济广播电台正式开始播音,这标志着"广播系列分台"时代的到来。"广播系列分台",标志着广播开始锁定规范人群,有针对性对其播出专项节目。

一个是普适收听,一个是针对发射。广播与窄播,可见一斑。

2.线性传播

线性传播,依旧为传播学范畴的概念。

在传播学中,其所指为以传播者为起点,经由媒介向受众单向、顺序、指向型传播的一种方式。线性传播情境下,互动性相对偏弱,同时反馈机制也会变得不再强大。

线性传播有其突出特点,即不间断性和方向的确定性,作为传统媒体的电声广播就是具有这样特点的。当然,线性传播的缺点也非常明显,缺乏互动,受众只能按照节目顺序不间断地被动接受。由于传播的单向性,缺失信息回路,所以,传播者不能及时的获得受众反馈,形成了静态传播的过程。

3.广播频率的专业化

广播频率的专业化,指的是将不同内容或形式的节目在不同的频率(频道)播出,节目更加具有针对性,也就是更加专业化了。

广播频率的专业化,不仅仅是在节目的内容上进行了调整这么简单,而是整个广播传媒的创新。频率专业化使得节目在内容上分层定位,进一步突出特色;主持人在节目中的作用更加突出;进而引发了更深层次的变革。

4.节目的类型化

节目类型化的概念来自美国,即不在同一频道进行不同时段拆分打造不同栏目,而是同时经营多个频道,一个频道只传播一种文化、打造一个概念、经营一群受众。其理念是将不同节目在时间维度的分割转变成为"空间"维度的分割,受众需要锁定的不是特定时间而是特定频道,随时打开频道接收的内容基本相同。

5.节目的地域化

节目的地域化,主要是地方广播电视台以本地的社会、经济、历史、文化为起点,挖掘自身的地域特色,走区域化、差异化道路,发挥节目传播上的地域优势。主要关注本地的社会热点,与本区域百姓生活息息相关的事情,深入社情民意,深挖本地文化。

(二)网络媒体

虽然网络媒体和传统的报纸、广播、电视等媒体都是传播信息的渠道,但网络媒体没有其自身的特点。

网络媒体与传统媒体的音视频采用不同的工作原理和方式,它依赖信息技术设备来处理、传输和存储音视频信息。[1]

网络媒体作为融媒体,其优势也是明显的。网络媒体传播范围广(全球性)——网络媒体突破了传统媒体很难跨越的区域限制,通过Internet能在全球范围内广泛传播。网络媒体信息储存时间长——信息一旦进入互联网,就会展现在网络上供人们随时随地查询。网络媒体信息量大且全面——可以音频、视频、动画、文字等形式呈现,同时其内容涉及政治、经济、文化、军事……网络媒体还有开放性强、获取简单、成本低、效率高等优势。

1.声音门户网站

"门户网站",就是一个互联网的概念。它最初是Yahoo旗下的一种营销方式,就是将互联网的初级访问页面比拟成"门",任何人都可以通过这里进入广阔的互联网天地。而这个所谓的门,其实和其所承担内容功能并没有必然的联系。就如同,今天我们经常提到的互联网词汇"冲浪""刷朋友圈"一样,都是一种互联网行为概念。

---

[1]孙国栋.播音主持实用训练教程[M].北京:中国传媒大学出版社,2016.

这里所说的"声音门户网站",就是在将内容赋予其中,这是一个声音爱好者自由进出互联网世界的大门。当然,门户网站本身就是一个信息的集中地,同时专属的门户网站、声音门户网站也就是声音节目的集散地。

2.声音的交换平台

声音交互平台,其本身是依托互联网技术搭建的通过音频上传和下载交流和传递信息的平台。信息的发布者和接受者通过声音交互平台,提供的终端软件传递和接受信息。目前,国内的互联网企业喜马拉雅FM、蜻蜓FM等公司所提供的服务,就是声音的交互平台服务。

3.自媒体

自媒体(We Media),又称为个人媒体,指的是私人化、平民化、自主化、普遍化的传播者,通过现代网络、电子化手段向不特定人群传播信息的融媒体的总称。自媒体平台主要包括:博客、微博、微信、贴吧、论坛、BBS等网络社区。

自媒体的显著优点如下。

个性化平民化:自媒体使普通公民从"观众"变成了"当事人",每个人都拥有自己的"媒体",发表自己的观点,并广泛传播,建立自己的社交网络。打破了传统媒体"自上而下"的传播方式。

门槛低:只需要通过日常的网络终端,如智能手机、计算机等,经过简单的账户申请,无须经过专业的训练,利用简单的文字、图片、视频等处理软件,就可以经营自己的"媒体"。

传播快交互性强:得益于网络及现代数字技术的发展,可以随时随地发布信息,且能迅速而广泛传播,时效性极大增强,传统媒体无法企及。自媒体的非线性传播的优势受众也可以迅速对信息做出反馈,这也是传统媒体望尘莫及的。

自媒体的缺点也是很明显的:自媒体的背后是个人品质的良莠不齐,发布信息内容随心所欲,发布形式千姿百态。从鸡毛蒜皮的流水账,到心灵鸡汤的人生感悟,从时事政治的观察评论,到专业学术的探索思考……网络的"隐匿"给了某些网民随心所欲的胆气,为了点击率,突破道德底线。

(三)移动数字媒体

移动数字媒体指的是,以移动数字终端为载体,通过无线技术与移动数字处理技术,运行各种软件及应用,以文字、图片、视频等方式传播和处理信息的媒介。

当前主要的移动数字媒体是手机和平板电脑。随着IT技术的发展和通信网络技术的进步,一切借助移动通信网络沟通的终端都可以作为移动媒体的平台,例如:移动影院、导航仪、记录仪、电子阅读器等。

移动数字媒体的特点是三个关键词"媒体""数字"和"移动"。首先,媒体不仅仅是媒介,媒体是依托媒介生产并销售社会影响力的社会组织;其次,数字的概念是我们区别于传统媒体的根本;最后,移动的概念是区别于固定,从技术上讲是无线传输。

1.APP

APP是英文单词Application的缩写,指的是安装在智能手机上的客户端软件,以增加原有系统的个性化,弥补其不足。

随着现代科技的发展,手机应用商店提供的应用软件为客户提供了越来越多的软件资源,智能手机的功能越来越强大,不像过去那样的死板,目前的智能手机的性能几乎可以与计算机媲美。

2.H5

H5是第五代HTML技术的简写,也指用H5规则制作的一切数字产品,简称富媒体,也称作场景应用或微场景。H5包含的内容更加丰富,具有更丰富的动画、可交互、跨平台传播等优点。

3.VR(立体声、环绕声)

VR是英文Virtual Reality的简写,指的是虚拟现实技术,是当前仿真技术的一个重要方向,是计算机图形技术、计算机接口技术、多媒体技术、仿真技术、传感技术、网络技术等多种技术的融合。它是从听觉、视觉、触觉、力觉、运动等感知,甚至还包括嗅觉和味觉,多感知实时响应传递信息的三维交互设备。

VR作为现实信息媒体在未来艺术领域方面的应用潜力不可估量。

二、声音节目的嬗变

(一)播音时代(有稿播出)

1940年12月30日从延安宝塔山下的窑洞里传出"延安新华广播电台,XNCR,现在开始播……"的第一声呼号声音伊始一直到20世纪80年代,人民广播都处在播音时代。

播音时代的主要特征是有稿播音。所谓有稿播音指的是,播音员、主持人以文字稿件为依据,通过内部技巧领悟稿件的逻辑、情感、含义等,通过外部技巧生动、准确传递给受众。其中,播音员、主持人需要在播音创作中对稿件进行二度创作,完美地通过有声语言再次将作者的逻辑、情感、观点呈现出来。

经过老一代播音艺术家长期的时间探索,总结出播报各种信息的不同的技巧和理论体系。比如:播音要有"字正腔圆、感而不入、语尾不坠"特点;政文、新闻类播音风格"庄重大方、朴实明快、严谨规范"等等。

(二)主持时代

改革开放以后,人们的物质生活逐步得到改善,思想也逐步得到解放,开始对文化生活提出了更高的要求,单一播音方式不能满足人们的需求。

1.前期:"珠江模式"带来了广播从播到说的转变

"1986年12月15日凌晨5点,随着激荡人心的音乐和呼号——'珠江,珠江,珠江通四海,经济第一台'的响起,中国内地第一个直播电台——珠江经济广播电台开播了。它采用'以新闻信息为骨架,以大板块主持人节目为肌体'的形式,以音乐为水,以话题为舟,根据广播节目以时间为轴纵向延伸的特点,从珠江三角洲听众的收听习惯和生活需要出发,合理安排节目内容,由主持人灵活地将新闻、信息、服务、娱乐和各种话题熔于一炉,向听众开通热线电话与听众交流,多姿多彩地直播。"

"珠江模式"为中国广播的节目样态结构性调整,为传输方式的与时俱进,更加贴近听众的需要,带来了春天。版块化节目和广播直播,一改以往的节目"排版"制度,听众不需要规定时间守在收音机前记录"节目预报"。版块化使得"收听习惯"成为可能,直播播出让神秘的广播和听众拉近了距离,热线电话增加参与性和真实感,广播谈话交流拉近媒体与普通百姓的距离。

"珠江模式",在那个经济刚刚复苏、业余文化生活渐趋回暖的时节,为普通百姓增添了无穷的乐趣。广播传播媒体的转型升级,也同样带来了对于主持人言语样态的变革。真听、真看、真感受,对于那个时代的广播节目主持人来说,无疑是一种挑战。但是,时代在变化,它也要求大家同它一起律动。因此,这一时期"珠江模式"带来了广播从播到说的转变。

2.中期:星光背后的疲颓

"珠江模式"的成功被时间证明它的优势之后,全国上下几乎所有的广播电台,都在一夜之间开始了版块节目成为广播节目主导的变革。一时间,广播节目主持人成为百姓心目当中,炙手可热的职业。

这一时期,节目类型丰富多彩,节目内容包罗万象,电声广播节目真是"百花齐放,百家争鸣"。这些变化使得播音员、主持人的语言表达呈现出新的时代的特征,在原有的端庄大方、真诚朴实的基础上,又增添了亲切自然的色彩,给人以清新明快的感觉。

因为,节目形式的更新换代、推陈出新,让原有的广播主持人队伍开始难以应付,纷至沓来的节目主持工作的需求。加之,"珠江模式"的范本也提供给了主持人一种新常态,那就是一改原有的三级审稿制度,变有稿播出为提纲(半文稿)播出和无主题(无文稿)播出。虽然,这种做法一个时期内,起到了强烈的共振效应,口语的谈话方式让主持人更加受到听众的喜欢,甚至好多广播节目主持人成了频率覆盖范围内家喻户晓的"明星"。

但是,本能性的半文稿和无文稿播出,对于刚刚"从播到说进行转化"的主持人来说,似乎难度系数有些高。并且,这种本能性的半文稿和无文稿播出,需要主持人厚积薄发,通过日积月累的储备才能阐释出节目上的"华彩乐章"。不知是因为明星光环的笼罩让当时的部分主持人热血沸腾,还是因为"肚中羞涩"缺少真材实料,在刚刚繁荣了瞬间的广播主持业内,竟然出现了节目"准备与不准备一个样,想说点啥说点啥"的消极气氛。这让广播的主持时代,未免显得有些喜忧参半。

3.后期:智库的介入让广播主持更具光彩

进入21世纪初,高等教育学术界带给了广播媒体一阵春风。2002年,北京广播学院一改原有的鹤立鸡群的姿态,开办了"全国播音主持专业高校教学研讨班"向全国高等院校开始推广"播音主持艺术专业教学"。我们姑且不谈,北京广播学院当时的初衷,但是这一做法无疑为全国的广播电视行业送来了捷报。

第一,播音主持艺术专业的推广普及,为蓬勃开展的电声广播,带来了强大的人才保障和智力支持。也正是在这一时期,全国各地系列频道、专业频道也如雨后春笋般不断涌现。

第二,全国高校特别是综合类大学的学科优势对于播音与主持艺术专业的倾注,增强了诸如传播学、新闻学、文学、艺术学、心理学、社会学等优质学术资源向媒体行业倾斜,这也为以广播为代表的传统媒体的迅速提升创造了可能。

第三,一大批专家学者开始以学科交叉融合的方式,开始探索媒体行业的发展过程中的规律。这也为在职和在校的主持人及准主持人提供了提高自身职业素养条件。

总之,经过几十年的变革,电声广播开始踏上了稳步提升的康庄大道。学术的介入,学科的加盟也让广播节目主持人的整体能力进行了稳步有效的提升。

(三)复合媒体时代

复合媒体时代,第一是科技的长足进步,第二是媒介样态的极大丰富。今天,单就新兴媒体来讲,就可以说是琳琅满目、五花八门。平面、移动、三维、全景……一个个新鲜的格式让人目不暇接。

至于,今天人们经常讲到的"融媒体",其实就是在指将现有的多样媒体有机融合,发扬各方优势,谋求共同发展。变各个单一媒体的单打独斗为集团作战,改1+1+1=3为1+1+1>3的效果,将优势整合,资源共享、取长补短、共同繁荣,进而达到效能最大化。

1.资源共享

所谓的资源共享,言简意赅的解释就是合并重组。集约优势资源,发挥最大能效,去除传媒行业内部的人力、物力、资源等诸多因素的重复投入,让资源得到最大的发挥。比如:如果广播电台、电视台与网站共组建联合联动新闻采制,记者外采时,一部数码相机完成全部采制任务,回来之后将录制的视频节目传送给电视台制作,音频提供给广播生产,截图文件供给平面媒体,文字让网站发布。这样,可以大大节约成本,同时增加新闻采制人员的媒体占有量,同时新闻信息量也会大幅度提升,进而还提升了媒体资源的权威性和原创能力。

2.取长补短

复合媒体时代的核心是媒体资源众多,每种媒体都有自己的优势,同时也会有自己不擅长的短板。只有能够做到去粗取精、优势互补,才能够将媒体的功效提升至最大拥有值。比如:广播的核心优势在于方便快捷,电视则是直观立体,网络则是不可确定——不可确定的空间、时间、作者和受众。各媒体之间彼此关照,才能集约优势,共同繁荣。

3.共同繁荣

很多年前,付笛声先生有一首脍炙人口的歌曲——《众人划桨开大船》,歌词中唱到"一根筷子轻轻被折断,十双筷子牢牢抱成团。一个巴掌拍也拍不响,万人鼓掌声震天"。发展融媒体的最终目的,就是要有利于社会效益和经济效益——效益这个根本。

综上所述,复合媒体时代,也为每一个媒体从业人员提供了巨大的难题,即成为八面玲珑的多面手、万金油。这就要求,媒体时代的人才培养要跟得上时代的进步,培养出适应时代需求的后备人才来。

第二节 广播节目主持教学模式的嬗变

从当下的有声广播节目人才培养模式来看,大体呈现出三种模式。一是高等院校——播音与主持艺术专业培养出来的所谓"科班"毕业生;二是为传媒单位——广播电台自身的传帮带形成的实践性人才培养;三是自主创业的自媒体网络声音创造者。究其发展路径来看,针对高等教育的本身,我们仅就"科班"培养进行分析。

播音与主持艺术专业,最初是基于为广播电视行业培养播音员、主持人后备队伍的人才阶梯建设而发展设立的一个极具个性的学科专业。1964年,中央广播局在当时的北京广播学院组织了播音员培训班,也就是从这个时间起播音员的培训正式地纳入了行业人才培养轨迹。自此之后,特别是1976年恢复高考之后,在广播电影电视部的推动下,建设起了由北京广播学院(今天的中国传媒大学的前身)承担本科层次教学,浙江广播电视高等专科学校(今天浙江传媒学院的前身)培养大专层次人才,山西广播电视管理干部学院(今天山西传媒学院的前身)和各省、自治区、直辖市广播电视厅(局)开办广播电视学校培养中专毕业生,形成了为全国不同层次广播电视媒体提供有生力量培训的工作。

1995年,全国又有上海戏剧学院、吉林艺术学院、天津师范大学国际女子学院三所高校先后开办了播音本科专业,并得到了教育部的批准。

1998年,全国普通高校开始了新一轮的本科专业和学科的调整,这是因为在这一年教育部颁布新的《普通高等学校本科专业目录》,也正是在这一年,播音专业从新闻学学科专业调整至艺术学学科专业。而调整的主要原因来自播音专业规模小,甚至险些处于被裁撤的边缘。然而,2004年更名后的播音与主持艺术本科专业却如雨后春笋般迅速激增至44所;2005年,全国开办该专业的本科64家、大专137家;2015年据非官方统计,全国各种学历层次的播音与主持艺术专业超过了600家。

早在2003年,南京师范大学的毕一鸣教授就曾断言:"播音主持专业的扩张是低水平而盲目的。"但是十数年之后的今天,虽然传统的广播电视媒体行业已经从信息传输的主渠道逐渐淡出人们的视野,然而互联网、APP等新兴媒体的广泛应用,加之全民媒体人这种普世新闻时代的到来,却给了播音与主持艺术专业的人才培养提供了就业的又一个春天。

目前,我国的主持人专业培养已经在教育发展层面初具规模,各种类型、不同层次的全日制高等教育已经成为广播电视节目主持人才培养的主流方式,究其根本,大致可以划分为以下几个学派或模型,接下来我们就将有声广播节目人才培养模式的重要途径——高等全日制本科播音与主持艺术教育的情况进行一下梳理。

一、以北京广播学院为代表的"以播为主"的教学模式

(一)专业基本情况

1.培养目标

本专业面向广播影视媒体及相关机构,培养具备中国播音学、新闻传播学、中国语言文学、哲学美学、艺术学等多学科知识与能力,从事新闻播音主持、综艺主持、专题主持、体育评论解说、影视配音、文艺演播,以及播音主持教学与研究工作的复合型语言传播精英人才。

2.主干课程

播音创作基础、播音主持艺术导论、普通话水平测试辅导、普通话正音、语言表达、嗓音矫正、普通话语音与播音发声、广播节目播音主持、电视节目播音主持、文艺作品演播、播音主持实例分析、诵读指导与实践、形象设计造型、体育评论解说、新闻节目播音主持、综艺节目播音主持、广播电视口语表达基础、广播电视节目创意与制作、节目主持比赛辅导、广告

播音、影视配音、社交礼仪等。

(二)特色基础论

中国传媒大学始终以1994年由当时的北京广播学院播音系全体同人及部分业内专家共同倾力打造了中国播音学的经典之作——《中国播音学》。《中国播音学》的理论基础,来自中央人民广播电台、中央电视台的一大批常年从事广播电视一线的播音员、主持人的前辈大咖们的创作心得,加之主编张颂先生的《朗读学》《朗读美学》等一系列理论著作。使之成为中国广播电视播音员、主持人必学理论。《中国播音学》的问世,填补了我国播音主持事业理论上的空白,也一度为"播音无学"进行了有力的正名。

(三)学科优势

以《中国播音学》为理论支撑的中国传媒大学播音与主持艺术专业,因其办学的初始积淀厚重,依托行业中央主管部门以及央广、央视等核心媒体,某种意义上讲,其正在影响着整个中国广播电视行业标准和前进方向的分寸拿捏。其学科重要程度和影响力,乃至于对人才打造和向市场推介的拱卫效果可以想见。

截至目前,那些大家耳熟能详的"国家的声音""国脸""国嘴"……多是从这座栽满年轻的白杨的中国播音员、主持人的"最高学府"款款走出的。诸如:罗京、李瑞英、敬一丹、周涛、康辉、海峡、肖玉、苏洋……一张张熟悉的面孔,一个个淳美的声音都是作为这个学科优势的佐证。

(四)存在的问题

然而,中国传媒大学播音与主持艺术专业的培养核心,仍旧是新闻播音。其教学团队认为,播音员、主持人首先是新闻工作者,因此,新闻性是第一位的。所以在人才培养的过程中,新闻属性的有稿播出占据了主导地位。换言之,中国传媒大学播音与主持艺术专业的培养是基于"播"基础上的有声语言艺术创作。这就给本身灵动个性的、多元化的主持工作在培育之初便增加了桎梏。[①]

当然,成绩的背后也会存有令人不容乐观的地方。正是因为中国传媒大学的核心地位和学术的先知与"操盘",使得其既成为播音主持事业的

---

① 孟庆玲. 探析广播节目在融媒体环境中的发展[J]. 传媒论坛,2019,2(24):38.

守护者同时也成为这一行业的掣肘者。

二、以上海戏剧学院为代表的"以主持为主"的教学模式

（一）专业基本情况

1.培养目标

培养从事主持各类电视广播节目的主持人。

2.主干课程

主持学理论基础、主持学概论、自选节目读解、演播言语组织、演播空间处理、综艺节目主持、访谈节目组织、语音基础课、语体等。

（二）特色基础理论

上海戏剧学院电影电视学院的播音与主持艺术专业，是现在国内为数不多的"特色专业"，他只撷取了广播电视播音员、主持人宽泛面的一个集合电视主持人进行人才培养。这在全国来说是独树一帜的。

上海戏剧学院电影电视学院电视主持专业的特色理论基础和人才培养整体框架，是吴洪林教授的学术专著《主持艺术》。吴先生在其专著中这样论述："一种理论的生命力就在于读解中能领悟到对实践的解惑。《主持艺术》既是基础理论又包含着应用理论。什么是电视节目主持人？什么是电视节目主持艺术？电视节目主持艺术的表现方法是什么？电视节目主持艺术的创作规律是什么？什么是主持人节目的创作体式？什么是节目主持人的创作流程？主持人在镜头前是如何进行空间处理与运动的？主持人在话筒前是如何进行言语组织与表达的？什么样的'人'才可以当好电视节目主持人？这样的'人'又如何掌握电视节目主持艺术的创作规律去实践整体性的节目驾驭？这样的'人'又如何把握电视节目主持艺术的看家本领去实现个性化的演播形象？主持与传播？主持与节目？主持与驾驭？主持与演播？主持与人？我们在不断地探索中向前看，我们在不懈地摸索中向前走。"

（三）学科优势

上海戏剧学院电影电视学院的电视主持专业的学科优势在于"演播言语组织"的培养，它培养的不仅仅是电视主持人唯一的行业能力，更重要的是一种普适性的由心而发的言如泉涌、口若悬河、适当恰切的即性言语表述方式。

值得一提的是,上海戏剧学院电影电视学院的电视主持专业,创造性地完成了巧妙的转型,在夹缝中砍杀出一条属于自己的人才培养道路,这的确难能可贵。

除此之外,上海戏剧学院电影电视学院的电视主持专业有别于前面提到的中国传媒大学的以播为主导的,以有稿播出(全文本)为基本特点的节目主持教学的侧重。上海戏剧学院电影电视学院的电视主持专业独辟蹊径,更加侧重于半文本和无文本的节目播出方式,换言之,即"以主持为主"人才培养体系。

关于"主持人不需要培养",上海戏剧学院电影电视学院的电视主持专业副教授董健女士指出,没有人才培养,就没有所谓的专业性与非专业性的比较,渐渐地也会使受众丧失了对于电视主持美学的心理暗示认定。只有通过相对专业的电视主持的课程培养,才能增强学生的素质和能力提升,从而更好地适应电视主持带来的挑战,同时,也会对学生的自身人格品质和社交能力提高带来推动效应。

多年来,一大批优秀毕业生也是从上海戏剧学院的华山路校区和莲花路校区,走向了电视传媒机构,走进了千家万户的电视荧屏。比如,中央电视台董卿,上海文广吉、雪萍等。

三、以"人类表演学"为参考的舞台表现的教学模式

(一)专业基本情况

以"吉林艺术学院播音与主持艺术专业培养方案"为案例进行分析。

1. 培养目标

(1)主持与播音方向

本专业培养适应新时期广播电视业发展趋势,具备深厚文化功底、良好综合素质、较高艺术水准和较强职业道德,具有扎实的播音主持基础理论知识及多种语言艺术表达技巧,熟悉我国传媒、宣传政策及法规,能够在各级各类电视台、电台、影视公司、教育等单位从事播音、节目主持、采编、配音和其他相关语言艺术工作的高级专业人才。

(2)采编播专业方向

本专业旨在培养具备新闻传播学、戏剧与影视等多学科知识能力,且具备较强的综合实践力,能够在广播、电视、报纸及融媒体等各传媒机构

和各级院校等从事采访、编辑、播音主持等工作的高素质复合型人才。

（3）影视配音方向

本专业着重培养影视配音人才。为适应文化市场新的变化及发展趋势，因人而异，也在拓展其他有声文化市场。声音艺术在文化市场越来越占据着重要位置，对其要求的水准也是百里挑一，用人标准也是越来越高。因此，对从业人员的要求必须具备较深厚的文化理解、良好的艺术悟性与综合素质。艺术成就水准的高低，决定着基础理论知识是否扎实，多种语言艺术表现力和技巧是否能够熟练驾驭，这是需要精英培养的。学生学习期间不但要掌握业务能力还要熟悉国内外传媒的动态与发展趋势，学会独立判断与思考本专业的发展，还要关注国家文化政策与法规，以便更好地在文化市场中发挥自己的艺术才能。努力成为行业内的高级专业艺术人才。

2.主干课程

汉语普通话语言语音基础、言语艺术创作、广播电视艺术实践、语言表达、广播播音、电视播音、节目主持、口语训练、主持人能力拓展训练、播音心理学、主持人表演、声乐、发声、形体、采编播合成艺术、思维训练、影片配音、人物形象创造、台词基础教学实践等。

（二）特色基础论

以"人类表演学"为参考的舞台表现的播音与主持艺术专业教学模式的特色基础理论核心，还是在讨论主持人的表现和表达。其依托的学术理论是以作为舞台表现为重心的戏剧影视表演学，借鉴上海戏剧学院孙惠柱教授翻译引进的美国著名戏剧理论家理查·谢克纳于1979年创立的"人类表演学""学术体系"，将广义表演学纳入戏剧影视表演的创作思路，假它山之石操刀攻玉。这种最广泛的"表演学"思维为培养主持人提升教学过程中学员"有意识地展示自己的行动"的意识。

（三）学科优势

吉林艺术学院播音与主持艺术专业在学科专业建设过程中，以其专业本身具有的独特性、多元性、时代性，辅以教育教学改革实验模式而形成了自己的特色。

第一，办学时间长，学科积淀深厚。吉林艺术学院播音与主持艺术专业是继北京广播学院(现中国传媒大学)之后,全国第二批经教育部批准招收播音与主持艺术本科专业的三所院校(上海戏剧学院、天津师范大学、吉林艺术学院)之一,是吉林省办学时间最长、教学经验非常丰富、学科积淀较深的专业。多年来以专业本身具有的独特性、综合院校的多元性、与时俱进的时代性而形成了自己的特色。

第二,合理设置学科方向拓宽专业培养口径。2009年,开设新的专业方向配音、双语播音,配音方向的开设,开创了东北地区的先河。它独树一帜,成绩斐然,已经成为优势明显、特色鲜明的专业方向。截至目前,配音专业学生为中央电视台电影频道配音的作品就达7部;为中央电视台少儿频道配音的动画片两部共36集。同时在国家级的赛事上也屡获殊荣,在第七、八、九、十、十一届杭州国际动漫节"美猴奖声优大赛"("美猴奖"是中国动漫界的最高奖)中分获特等奖、一等奖、二等奖、创意奖、优秀指导教师奖等20多个奖项,产生了良好的社会影响。学生尚未毕业,就已经有多个译制片厂、配音工作室对该专业学生表示出了浓厚的兴趣,前来预定毕业生。配音方向的开设为全国播音艺术人才的培养开辟了新方向、新思路。

第三,以双师型教师(教师+播音员、主持人、配音演员)为主的教学队伍建设。由于专业特性,本学科的教师一直与当前影视传媒事业发展保持同步,不仅具有丰厚学养和丰富的教学经验,同时具备一线工作的业务水平和能力,像著名配音演员胡连华教授,著名新闻主播冷炎副教授,著名媒体策划人、主持人吴岩副教授等等,这些老师从观念理论到行业一线实践,始终站在当今广电传媒的高端和前沿,他们凭借自身得天独厚的宝贵资源与条件,言传身教,以丰富的实践经验指导教学水平的提高。把在校本科学生从小课堂带到传媒行业这个更广阔的大课堂之中,让学生去真切感受服务于行业前沿传媒人的工作状态,并接受他们的传播观念和经验,从而获取新的启迪,进而激发学生学习的积极性、主动性、创造力。

(四)存在的问题

舞台表演参照播音与主持艺术专业的横向比对欠缺,目前此类专业仅限于从戏剧影视表演专业剥离出来的播音与主持艺术专业可以适应比较和观照。

此类播音与主持艺术专业,往往对行业、市场的适应性较强。但也随之而来带来了容易随市场而动,从而缺乏主动出击的动力,欠缺引领行业、市场动态前进步伐的可能。

另外,以"人类表演学"为参考的舞台表现的播音与主持艺术专业的教师团队,动手能力很强,但安心做学问的心态不好,所以形成了今天此类教学团队的整体教研、科研的创造成果相对滞后。

四、行业专门学校开设的播音与主持艺术专业的教学模式

(一)专业基本情况

笔者以"武汉体育学院新闻传播学院播音与主持艺术专业的人才培养方案"为例。

1.培养目标

本专业以体育播音主持艺术为基础,突出广播电视制作为专业特色,毕业生适宜于各级广播台、电视台、融媒体、广告文化传播单位和企事业单位的宣传部门,从事播音、节目主持和影视节目的采编与制作工作。

2.主干课程

播音主持艺术导论、普通话语音与播音发声、播音创作基础、体育解说评论、体育节目分析、体育热点赛事报道、奥运体育专题、各类(大球类、小球类、重竞技、棋牌类、田径类、体操类)体育项目规则与解说、体育保健学、西方文化概论、中国手语等。

(二)特色基础理论

行业专门学校开设的播音与主持艺术专业的教学模式,特别是体育解说类播音与主持艺术专业,多数依托成熟的体育新闻专业的办学模式和办学思路。

新闻评论学是针对体育新闻理论、媒体的体育新闻报道、世界著名赛事采访报道业务等行业内容进行研究的专门学科。它是广播电视学、新闻学和体育学的学科交叉融合的产物。同时,对于以体育赛事解说、转播的播音员、主持人进行培养的有力学术积淀。

(三)学科优势

此类人才培养对于体育新闻的倾向性和依赖性较为明显。全国开设此类专业的几乎均集中在各个体育专门院校之中,专业雄厚的体育专业教师团队,各类体育项目的专业运动员的直接交流,加之专业广播电视行业

专家型教师的引领,此类专业的特色与学科优势便会立时彰显。

(四)存在的问题

行业专门学校开设的播音与主持艺术专业的教学模式,特别是体育解说类方向专业,多数依托成熟的体育新闻专业的办学模式和办学思路。因此,常常会将专业课面试考查重点放在对学生的体育的观念、兴趣以及他的实践应用上,而相反对学生语言面貌的关注就显得没有那么重要了,仅仅作为评判考生能否被录取的次要选拔要求。这会对在校学生的复合型全面发展,带来了一定程度的隐忧。

行业专门学校开设的播音与主持艺术专业,更多的要依靠必要性的体育赛事进行。然而,一方面,体育项目种类繁多不一而足,很难把学生打造成赛事项目的一专多能的"全面手";另一方面,随着全媒体时代的到来,受众的选择面增大,同时欣赏水平和口味也在不断提升,单纯的了解比赛规则和运动员、赛事的背景已经越来越难以满足现代受众的心理需求,他们需要更多的是运动本身带来的激动、体育的深度报道和体育精神的人文关怀。

五、综合类大学开设播音与主持艺术专业的教学模式

(一)专业基本情况

笔者将以"山东师范大学播音与主持艺术专业培养方案"为案例进行分析。

1. 培养目标

本专业培养具有广播电视新闻传播、语言文学、播音学及其主持艺术、美学电视等多学科知识与能力,能在广播电台、电视台、音像公司、互联网站、电子传媒及其他事业单位从事播音与节目主持工作,能够从事广播电视节目的采访、编辑和制作以及教学与研究工作的复合型、应用型高级专门人才。

2. 主干课程

普通话语音、播音发声、播音学概论、播音创作基础、广播播音与主持、电视播音与主持、广播电视新闻学、传播学原理、广播电视采访、文艺作品演播、形象造型与形体、美学原理、节目主持人艺术、数字视频与图像处理、广播电视采访、播音作品鉴赏、影视配音艺术、演讲与论辩、媒介经营

与管理、中国艺术欣赏、书法艺术、公共关系学等。

（二）特色基础理论

这一类院校多数为综合类大学或师范类院校，而且很多学校是"双一流"重点大学，在此雄厚的学科专业基础上，其特色基础理论相对比较多元，但追本溯源其核心的基础理论无外乎是新闻传播学这一核心内容。

然而，综合类大学的基础理论却有其较为明显的前缘背景，它有别于前面我们提到的中国传媒大学和以影视表演教学为蓝本的综合艺术类大学。这两类院校的专业学科前缘基础优势明显，而且具有学缘基础和教学的延续性，无论是三条线教学到系统化教学；无论是从小到大还是从平面到立体，这两类学校均有其可以依托到前缘学科。

综合类大学的播音与主持艺术专业的学科设立，还有一些相对共性的特点以及参照考量范式。

综合类大学的播音主持艺术专业多数来自教育技术专业、新闻学或是文学等专业的学科调整、扩容和重组。

综合类大学的播音主持艺术专业从无到有，均经历了以相对最为成熟的中国传媒大学的播音专业人才培养方案为共性基础框架的参照的过程。之后，再根据各个学校现有的学科条件，进行学科体系的基本定位设计和原始初设。

综合类大学的播音主持艺术专业的创设专业起始时间节点，也关系到该单位的学科设定。这是传媒行业的飞速律动带来的直接结果。因为，这一节点一定受到大概是媒体环境和其对于主持人的形象要求的影响，诸如：影响力、评价体系、需求状况等因素。所以，时间节点的影子也会融入这个学科的初设当中。

综合类大学的播音主持艺术专业均会依托该校的优势学科或学科群，可以说创办专业各具特色。比如，吉林大学文学院的播音与主持艺术专业，从2000年开始设立专业至今，就强烈地带有脱胎于文学院的底子这一特点。它来自文学院的影响课程、教育教学方法。再以东北师范大学传播科学学院的播音与主持艺术专业为例，该专业在创办过程中经历了一次变化。其于2001年开始设立播音与主持方向，直至2011年才作为独立专业正式设立。作为专业方向时期，东北师范大学的播音与主持专业是依托其广播电视编导专业，直至2011年正式独立设立播音与主持专业这一调整之后,仍旧将人才培养的关注点放置在着力打造培养"编导型主持人"的教学思路上。然而,此次东北师范大学传媒科学学院播音专业的脱胎换骨,却是来自东北师范大学对于本科教学理念的整体思考的改造而形成的。因而,东北师范大学的播音主持艺术专业带有明显的"教育"特色,教育思想在人才培养体系中发挥的作用表现得更加凸显。课程包的建立、课程从接的搭建、基础平台课和后续平台课均表现出教育思维的本质。当然,这是东北师范大学作为教育类院校,在整个大学教育反思和人才需求的反思的过程中,按照教育理念脱胎出来的。

课程调整年限也制约着对综合类大学的播音主持艺术专业思量与考查。课程调整是在一个相对长度时间单位下的教学研究工作,课程调整年限的制约,导致几年调整下来,对人才培养周期的考核、教学计划的执行实施是否到位?如何判定人才培养方案的科学性和合理性,均起到了极强的参照价值。

因由,全国的播音主持艺术专业均起步较晚,综合类大学的播音主持艺术专业的建立基本上均是在2000年以后,人才培养方案的评定指标尚有欠缺,因此对于人才培养方面仍存有很多内容上的空白。加之,采样数量的相对较少,也为评估人才培养方案,进而提升其调整带来了困难。

传统媒体生存环境恶劣,带来了就业不景气的难题。因此,在思考人才培养方案的起点与终点的问题上,都处于缄口不谈的境遇。

(三)学科优势

综合类大学的播音主持艺术专业的存在,必然有其独立的生存空间。依托老牌优势专业,给课程和实践体系建设提供了滋养。学识理论的构建、研究方法的范式、教学实践打造、实验创新中心的建构、学生行业自信的培养等方面都与播音主持专业天生的融合,当然在综合类大学中也不存在绝对性的单独的播音与主持艺术专业,因为综合类大学的优势骨干学科为其提供了飞天的阶梯。在课程设置和课程研究的过程中,综合类大学的学科优势更加明显,无论是双一流,还是重点学科、特色课程、精品课程,均为综合类大学的播音主持艺术专业提供了学识共享的平台,同时也为未来培养出专家型主持人提供了创造的空间和培养的可能。

(四)存在的问题

第一,教学过程中,教学计划的设计和教学成果的监控,以及教学全过程的系统性和科学性欠缺完善。

第二,人才培养目标上,与媒体行业接轨的过程中,虽然在进行着不断的努力,但对于推动人才与市场的真正接轨仍然远远不够。

第三,教师的个人发展、生师比的配置上、学生实践的配比投入上、课程设置的合理性上,均出现不被重视的现象。

第四,师资力量配比失衡的巨大缺口与应聘者多单审批关卡重重形成鲜明对比,抑或说,师资力量引进的参考方案存有矛盾与漏洞。其实,播音与主持艺术专业的高学历与"双师型"教师这一组要求本身就是矛盾体。举例说明,中国现有的播音与主持艺术专业的博士研究毕业生本就凤毛麟角,如果还要求既能指导实践又能把握教学就又为本已稀缺的人才资源提升了门槛。做一个假设,假定每年播音与主持艺术专业的博士研究毕业生均符合双师能力,也远远满足不了庞大的播音与主持艺术专业师资力量短缺的现状。每年的那几个人之于几百所播音与主持艺术专业院校,俨然是杯水车薪。

第五,学生实践上,综合类大学常常会采用一般性的评估体系标准来要求播音主持艺术专业,殊不知这些标准并非放之四海皆准的法则。专业招生上影响巨大,但在培养和人才输出上,得到相应重视,以及达成业内、教育教学领域内的共识性稳定标准和模式相对较少、较弱。

第六,综合类院校的艺术类学科在学校整体的学科布局和重视程度上没有相应的侧重倾斜。对学科、教师、学科的管理仍旧一刀切,按照综合性这一特质进行管理。播音与主持艺术专业的具体特定性,不要说跟全学科进行比对,就是跟同为文科类的其他专业进行对比都有很大的差别。艺术类,特别是播音与主持艺术专业这样的新兴类专业得不到足够的重视,更不用谈很好的照顾和比较稳定,相对于公正合理的扶持了。

第三节 融媒体时代广播节目主持教学的重要性和变革

全媒体构筑的媒介融合时代,声音媒体平台突破传统频率传播形态,将多元的文字、图片、视频等融为一体,利用"符号化"了的各种媒介信息在互联网、移动媒体平台上获得更多发展路径,更是使其传播内容、传播渠道、传播平台、传播对象都发生了深刻变革。基于传播格局发生了重大变化,广播节目主持的教学改革也是迫在眉睫。

一、课程开设的必要性及优势

随着"媒介融合"成为传媒领域的关键词,声音媒体平台的发展,传统电声广播也不再是只拘泥于自己的领域,广播及电视、互联网自媒体平台都在进行有机的融合,传统媒体的传播方式更加丰富、多样,所以广播节目主持人的角色定位需要随之调整,应运而生的是教学上的改变。广播节目主持人不再是单一存在于话筒前,而是更多出现在各种媒介中,以不同角色定位,适应不同媒介特点,形成立体多面的"人格化形象"。

广播节目主持人只有以更具人性化的角色定位,全面参与节目运作的各个环节,才能适应时代的要求,赢得广播受众的认可。那广播之于教学就应从教学理念教学内容、教学模式、实验模块四个方面来改革思路与经验。

我们要明白广播节目主持课程开设的必要性,那就要清晰明了电视节目主持人不等同于广播节目主持人。

长期以来,广播人因其所从事的媒介特质,而屈于"弱势"的姿态,再加之,铺天盖地的新兴媒体的"强势"来袭,让原有为数不多的自信心也要再度被打压。在教学过程中,不难发现,学生对广播媒体的兴趣和认知都存在问题。那么,在广播节目主持教学的过程中,就应从新时期广播媒体的变化,以及新时期广播节目主持的新要求上进行讲授。这对学生重新认识新时期广播事业有着显著的作用,并且对有助于提高广播节目主持教学和实践水平都有着现实意义。

近年来,在媒介融合的时代潮涌中,传统媒体——特别是电声广播媒体——要一边挺身接受融媒体的冲击,一边还要在煎熬中不断探究与融媒体的融合发展之路。传统电声广播在21世纪初,一度经历了电视普及、互联网最初兴起的一波冲击之后,曾经进入了一段低迷期。广播媒体在现有媒介生态环境下,可谓是在夹缝中求生存经常会有"一大波僵尸来袭"。但是,媒介融合趋势日浓的今天,融合大潮对于广播来说似乎并不仅仅是挑战,带给广播更多的应该是机遇。

广播媒介有其独特的行业优势,它有着时效性强、覆盖面广、携带便捷等特点,只要能够把准媒介融合发展的脉搏,找到自身存在属性价值,并积极主动地寻求创新点,增强自身竞争力,相信电声广播也能够在战火纷飞的媒介市场竞争中,赢得生存和发展的空间和机遇。

在互联网信息爆炸的时代,近些年来,作为信息源下游的电声广播,呈现出一定程度上的上升态势。但在同样依托于互联网,并能够自主创建信息来源的新兴媒体的冲击下,如果广播媒介不能很好的转身,仍旧我行我素,"自己玩自己的",那势必将自身推向万劫不复。从这个逻辑链上来看,广播媒介的升级转型迫在眉睫,而升级转型的关键则是搭上全媒体合作共生的"挪亚方舟",优势互补,共同发展才是王道。当然,我们还可以换个角度思考问题,广播媒介的转型升级并不是全盘抛弃原有的形态,而恰恰是基于广播传媒传播面广、收听便捷、时效性强这些特点进行升级。如果说,传统的电声广播是没落贵族的话,那么,成功转型之后的"新广播"将成为万众瞩目的白领精英。转型的路径并非简单的形式上的变革,而是应该在形式上与内容上均发生变化。它是传统广播的优势集约新兴媒体的内容、思维、形态、行为等诸多领域的功能结合,这将使得"新广播"更具伴随性、辐射性、指向性、多元性、共享性等新兴媒介属性。换言之,传统点声广播与新兴媒介的联姻,并结出丰硕成果才是我们期望看到的结果。

广播节目主持这门课程是播音与主持艺术专业本科学生的主干专业课。它包括了广播的理论基础和广播节目创作的实践内容这两大部分。广播节目主持的理论部分,主要讲授广播的概念、历史沿革、发展现状及未来趋势。具体包括广播的频道与节目的类型划分、广播的元素与集成、节目运营与营销、收听心理与受众分析等等。教学过程中,始终注意正确引导学生对广播的认识,对广播节目的把握与运用,审美与导向,树立从业媒体人的意识,从而提高从逻辑思维到动手能力与采、编、播综合实践能力水平。要求学生突出操作性、实践性与强化专业个性特征,使学生制作的广播节目略高于一线播出的要求。树立学生对广播行业的认识,是学生未来从业的参照和依据。

通过该课程的学习,将有利于学生更好地掌握其他相关的媒体即媒体人的意识与知识,从而完成一个优秀的广播及媒体从业人员的创造力、想象力以及行业创新能力的培养课程,以便在日后的复杂工作中能够胜任相关的工作。作为一名优秀的播音员或主持人是要必须掌握这门功课的,使学生能够独立完成广播节目的策划与创意,以及播音主持工作。通过理论讲授,使学生了解广播节目传播的基本规律,节目的运营与包装,受众的收听心理等。通过实践操作,使学生掌握广播节目的构成元素、录播与直播、常态与非常态节目的区别等。结合广播节目的频道专业化和节目类型化,激活学生的创新思维与训练学生播音主持的有声语言创作能力。

二、课程设置的变革

随着我国播音主持艺术专业教育发展得如火如荼,媒体"市场"对主持人的需求日益增大,但同时对其质量的要求也在不断增高。广播电视事业的一路高歌猛进,使广播教学近年来遇到较多困惑,例如教学和一线脱节、学生供求错位、师资力量不足等问题。

(一)过去:自上而下的传达

自1954年北京广播学院(中国传媒大学的前身)的成立,播音与主持艺术专业学科的建设已有63年的历史。在过去的广播节目主持教学的人才培养模式上,特别是广播节目主持这一环节,是一种自上而下的传达式的语境,而且是单一的且碎片化、不成体系的。如果仍将过去这种上传下达的指令性的灌输性媒介思维方式,应用于今天的广播媒介甚至是广播节目主持教学中,不管是在质与量的指标评价层面,还是在传受互动关系上来说,都是难以满足时代的脉动的。这实际上,就是一种广播媒介人才需要与广播节目主持人培养这组供需条件上的错位。

(二)现在:捉襟见肘的对话

自改革开放以来,人们的物质文化生活的提高,要求精神世界也能有所充实。正是这样的社会需求,促使着广播事业迅猛发展,要求节目形态也能多姿多彩、千变万化,但这却让原本就已经相对滞后的广播主持教学模式略显局促。[1]

就目前可用的广播节目主持课程的授课教材而言,目前仍是2002年由中国传媒大学播音与主持艺术学院的付程教授主编的《实用播音教程Ⅱ:广播播音与主持》,而且关于广播节目主持的篇幅有限。可以想见,

---

[1]张晓东.浅议融媒体时代广播节目如何创新[J].中国报业,2021(06):96-97.

2002年编写的教材,且不谈是否还适应现代传媒行业的飞速发展的需要,但就训练材料的创作方式上来讲应该都属于20世纪的"经典"了。所以,从这一角度上可以分析出,教材的时代特色和即时存在缺失,和一线广播媒介的人才需要存在差距。很多高校播音与主持艺术专业的授课教师,不得不根据实际情况自主选择材料来弥补不足,进而解决教材引领的稿件陈旧、节目形态消亡等问题。

播音与主持艺术专业教学模式,与高等教育中的其他学科差异较大,它要求师生互动、因材施教、教学相长,同时大课理论引领与小课专业指导并进。但是,长期以来,学生主动学习动力不足的主导因素,是来自单向的、填鸭式的授课模式。教学范式的统一、培养规格的统一、教学内容的统一、教学要求的统一、教学进度的统一,这一系列的整齐划一下来,驱使着学生创新个性的发展不足。因材施教的教学初衷的很难真正落实,学生本身也很难抓住自身的重点主动调整。

此外,播音与主持艺术专业的从业教师,特别是诸如广播节目主持这类创作型课程的授课教师,理想状态应该是理论与技能并重的双师型教师。但是,要求好提落实难。就如同前面提到的综合类大学办播音与主持艺术专业的窘境一样,优秀的双师型教师"可遇而不可求"。这种境遇下,多数普通高校最为常用的办法就是,将一线优秀的广播节目主持人引进课堂,甚至有的还在独立承担教学任务。当然,这些广播人有其自身的优势,即工作经验丰富、广播业务实践能力强、媒体脉搏把握较准、符合我们对人才培养的要求。但是,外聘一线主持人作为任课教师,也存在着一定程度的风险。那就是,一线主持人本身不是教师,这样就很难用教师教书育人的心态指导教学。外聘一线主持人进入课堂,其个人的理论水平、学术修养是否符合教学要求,是否存在"知其然,不知其所以然"的现象?另外,这类教师,其主体工作是媒体一线的节目生产和制作,当一线工作和课堂教学撞车时,往往很难保证学生的正常学习。

从以上论述中可以发现,现阶段播音与主持艺术专业广播节目主持课程的开设,让很多高等学校感到捉襟见肘,专业管理着也都在绞尽脑汁的思索,到底该如何应对摆在面前的难题?

(三)未来:自上而下的助推

"他山之石,可以攻玉",在这个全媒体融合的时代,没事儿刷刷朋友圈,晒晒微博,其实也是一种学习思考的过程,未知和获得就只差"一公里",而我们要做的不仅仅是思考,而是如何完成这"一公里"。青山周平说,美丽的事物背后是逻辑。教学大概也是如此,最后这"一公里",就是你的获益!

"饿了吗"不是做餐饮的,你吃饭的时候却是第一个想到它,因为它解决了,你到饭店的"最后一公里";Uber没有一辆出租车,你回家的时候,先点开它,因为它解决了你到家的"最后一公里"。许多问题摆在我们面前,好玩的是,我们怎么解决它,只要解决从我们播出的内容到听众诉求的"最后一公里",我们就能在广播节目主持的道路上不断地创新,不断地前进。

广播节目主持教学的特殊性,要求课程的研发和推广必须与媒体一线的广播实践紧密结合、有效互动。希望教师能够把一线更好的经验教学结合起来。为广播节目主持教学带来了新鲜的血液,以拉近高校教学与一线存在的距离,同时使学生在校期间更好地适应一个"准媒体人"的身份。

人民广播的发展经历了从无到有,播出形态从直播到录播再到直播,媒体地位从主流到边缘……一系列的转变。但是在媒体共生环境的时代里,无论是播音方式的改变,还是包装设计的创新,抑或播放内容的突破,这些都是广播媒介在自我革新。虽然说自我革新是广播媒介的主观向好,但是融合媒体时代,单兵作战的孤胆英雄似乎应该束之高阁了。

新兴媒体融合的时代,让每一个人的生活都在悄无声息地发生着改变,就如同微信、微博与广播节目传播的改变一样,同样是润物无声。这就要求我们的高等学校的教育工作者,尽快地适应这种交融式的人才培养要求。要让我们所培养的毕业生在采制、编辑、播出、包装等广播媒介全领域成为多面手,这样才能满足媒体对于人才等需要,才能增强学生的核心竞争力。

如今,作为数字化时代生活的一分子,广播人努力的目标是听众喜爱什么样的节目。如何把握好收听人群的生活节奏、收听方式、收听偏好,网络化、数字化、伴随感、碎片化、互动性这些融媒体时代带来的执业行为的变化,才是现代广播人应该关注的关键。

在2010年底根据调查显示数据,我国广播电台如雨后春笋般蓬勃发展,频率多达2700多套;根据索福瑞调查,广播媒体的覆盖人群接近13亿人,广播覆盖率高达97%。中国俨然成为世界上收听广播和广播覆盖人口最大的国家。根据调查显示,截至2016年底,全国汽车保有量达1.94亿辆,随着汽车保有量的增高,车载广播媒体数据大幅的攀升,交通广播再一次的在声音媒介平台中迎来"第二春"。在广播节目主持的教学过程中,应牢牢抓住每一个广播频率的特点进行讲授,广播节目类型进行分析,要求学生以一名即将从业的"媒体人"的思维角度去审视问题,展己所长、补己之短。

第三章 播音主持形象思维

第一节 形象思维概述

一、形象思维及其特性

（一）形象思维概念

"昨晚，我梦见自己又回到了曼陀丽庄园。恍惚中。我站在那扇通往车道的大铁门前，好一会儿被挡在门外进不去。铁门上挂着把大锁，还系了根铁链。我在梦里大声叫唤看门人，却没人答应。于是我就凑近身子。隔着门上生锈的铁条朝里张望，这才明白曼陀丽已是座阒寂无人的空宅。

烟囱不再飘起袅袅青烟。一扇扇小花格窗凄凉地洞开着。这时，我突然像所有的梦中人一样，不知从哪儿获得了超自然的神力，幽灵般飘过面前的障碍物。车道在我眼前伸展开去，蜿蜒曲折。依稀如旧。但是待我向前走去，就觉察到车道已起了变化：它显得又狭窄又荒僻，不再是我们熟悉的那个模样。我一时感到迷惑不解，但当我低下头去避开一根低垂摇曳的树枝时，才发现了变化的来由。原来自然界已恢复了本来的面目，渐渐把她细长的手指顽强而偷偷摸摸地伸到车道上来了。即使在过去，树林对车道来说，也始终是个威胁，如今则终于赢得胜利，黑压压、势不可挡地向着车道两侧边沿逼近。榉树伸开的白色肢体，互相紧紧偎依，枝条交叉错杂。形成奇特的拥抱，在我头顶构成一个形似教堂拱道的穹窿……"

这是英国女作家达夫妮·杜·穆里埃的代表作《蝴蝶梦》开篇的两段话，作者描述了在梦里见到的一系列视觉图景。梦境也是一种思维活动，现代心理学认为梦境其实是平时留存在大脑中的印记在夜晚被激活的现象。研究发现，平时外界的各种信息会通过脑电波对大脑形成刺激，连续的刺激会形成神经元上神经突触结构的改变，形成长久记忆。梦境是最能让人感受到自我大脑中留存的形象性信息的一种方式,除了视觉信息,还有来自听觉、触觉、嗅觉和味觉等的信息。形象思维便是大脑对留存在大脑中形象性信息的组织和加工过程。杨鼎春对形象思维这样定义:"形象思维是在对形象信息传递的客观形象体系进行感受储存的基础上,结合主观的认识和情感进行识别,并用一定的手段形式和工具创造、描述形象的一种基本思维形式。"

(二)形象思维过程

形象思维是人类思维活动的基础,也是人类认识世界的起点。形象思维的信息接收环节的生理基础是我们的形象感觉器官——眼、耳、鼻、舌、口、肤。周围的各种信息刺激我们的感觉器官后,神经刺激被人体的生理机能进行"编码",成为神经信号,进入大脑中,成为可以被大脑识别、存储、处理和提取的信号。例如光波进入人眼在视网膜上形成印记,这些印记被"编码"后形成神经信号进入大脑,成为心理学所说的"表象"——保存在记忆中的外界事物的基本形象。我们在进行视觉形象思维时,运用的原始材料便是这些存储于大脑中的"表象"。

"表象"是我们进行形象思维的直接素材,但当我们表达时,"表象"已经成为另一种存在——"意象",即形象经过理性概括的语言表述,作为描述形象信息的"词语"。这些表述形象的词语,既有概念的抽象性,也有建立在具体表象基础上的形象性,是"意象"的物质存在形式。例如,红苹果、酥油茶、黄土地,这些描述形象的词语既有对现实事物的性质、种属的抽象性概括成分,也有其对应的具体实际物;既不是像"希望""奸诈""未来"一类纯粹抽象的概念,也不是具体的实在物,而是一种抽象和形象的结合。

所以,要清晰理解在我们所做的形象思维和表达练习中间,从实际事物到形成的言语之间,有多个环节、多次转换。要得到形象生动、准确清晰的形象信息表达,就要优化这些环节。

(三)形象思维的特性

1.动态多环节

形象思维过程,不是静态的、直接的过程,也不是绝对客观的、"镜像"生成的过程,而是继起性的连续过程。在感受的主体(我们自己)对客观事物进行体验、感受时,从形象性信息刺激到最终形成感受主体的形象思维的过程中,有诸多动态环节。在这个连续的过程中,思维主体不断进行形象性信息的处理,调整感官活动,整合形象性信息。例如,当你面对一个装满了可乐的玻璃杯,从颜色、形状、质地、距离等视觉信息的刺激中,你会迅速开始储存、识别和反应:这是一大杯冰镇可乐。[1]

也许,你感觉从看到实际物到作出判断,再到说出这一句形象性描述话语,只是一瞬间。实际上,这里面包含着诸多复杂的形象识别到意象判断的过程。例如,如果这个观察者是清朝初年的人,他的识别结果可能是这样的:这是一大杯带着好些小泡泡的汤药。

这种多环节的动态的思维过程在这种情况下最为明显:当我们对形象进行观察之后,在自我的意象系统中找不到与之对应的词语。例如,在经过反复细致的观察之后,你只能描述出这个东西的外形、质地、色泽,经过触碰也能说出其分量、手感,还能闻到其气味,但就是不知道怎么称呼,这就说明了形象和意象之间的环节没有被打通。

2.形象性基础

形象思维的材料是感官印记,是形象体系在人脑中的存储。形象思维的素材,必须是客观事物形象,经过人的"接收器"——五官(眼、耳、鼻、舌、口)和皮肤接收之后,储存在大脑中的物象。如果仅仅是一些没有形象性基础的词语,我们不可能进行有效的形象性思维。例如,一个识字能力足够但从未体验过现代科技文明的人,面对一篇描写"高智能电梯公寓"的文章中形象的描述:交互式曲面液晶屏幕、高敏热感应电梯、脑电波接收分析……对他来说无疑如同天书。虽然文字都认识,但就是看不明白。这同时也告诉我们,越是清晰、深刻、细致的形象印记,越有利于形象思维的进行。五官的灵敏度和记忆的持久度等生理或心理因素,都影响着形象思维的丰富程度、活跃程度。

3.主观性

形象性思维过程是因人而异的,由于人在社会属性心理特征、信息存储等诸多方面的差异,同样的形象在不同体验主体的形象思维过程中,会呈现出不同的状态,这在传播学中被称为"选择性接触"。传播学研究发

---

[1] 胡培茂.初论播音主持创作中的艺术思维方式[J].中共济南市委党校学报,2017(03):122-124.

现,人在对信息的接触、认知、记忆和接收等一系列思维环节中,具有主观的选择性,并非全盘接受。形象性信息在被主体接触时,同样具有主观能动性。例如,一个美术专业的毕业生和一个播音主持专业的毕业生在接触到陌生人时,前者倾向于对色彩、形状等形象性信息的捕捉,而后者更倾向于对声音、动态类信息的捕捉。

形象思维的主观性是诸多思维差异、思维个性的基础。审视自身的形象性思维习惯和特点,就会对自我感性思维特点、理解分析方式等思维活动特征有更深的理解。

4.非线性

"非线性"有两层含义:一方面,形象思维本身是立体的、多元的、发散的,并非沿着事物的一个向度、一个角度、一个点进行的。例如,当一位小姑娘拿起商场里的一个玩具熊时,她一边观察、一边抚摸,同时还闻闻玩具熊散发的味道。此时,多路形象性信息同时进入小姑娘的大脑。另一方面,形象思维不同于逻辑思维,其本身具有"跳跃性"。"抽象思维的推理过程是一步一步的,而形象思维的创造与描述过程却常常是大跨度的、跳跃式进行的。"形象思维本身是不具备逻辑性的,其中没有逻辑链条的约束,也没有所谓"定律"或"规则"的限制,因而各种物象、形象可以来去自如地在思维过程中出现。

二、主持人与形象思维

作为大众传播者之一的主持人,是媒体传播的信息流终端。编辑、记者的成果,制片人、编导的意图等团队工作的最终体现,都要经由主持人这一关。不论是新闻节目还是娱乐节目、文化节目还是社交节目,不论是广播媒体还是电视媒体,抑或融媒体,主持人在其中的语言活动都有大量的形象性信息传播。

主持人的语言表达对形象的传递是否"形象",应从五个维度来考察。

真——真实、准确。选用准确的词语、适当的句式,运用适合的语气、语调、停连、重音等基础性语言技巧,让形象性表述出的形象和现实吻合、贴近,让受众产生身临其境的内心景象和逼真的体验过程。

活——鲜活、灵活。形象性表述中要对描述对象的动态、情态和姿态的把握到位,角度多样立体,让受众产生鲜活生动的形象性感受。

细——细致、细腻。形象性表述中要观察入微、秋毫必现,表达中突出细节、突出精妙,让人产生形象性的冲击感和震撼力,产生情感的激发。

新——新颖、别致。这是形象性思维和表达的高级要求,需要表述者打破已有的思维定式,突破旧有的思维局限,站在新的角度来获取形象性信息,让有声语言传播展现出时代感、个性化和特色。

美——"美"是一种传授的理想状态,我们表述一种对象时,美是最高标准,常常也是理想标准。当一个事物至真至善时,它也就达到"美"的标准了。受众接触大众传媒,既是信息接收活动,也是一次审美活动。所以,当形象性表达能够完全符合受众的预期,满足受众需求时,即可以获得"美"的评价。这种状态也许是一种理想化的状态,但应是我们不断追求的目标。

训练和提升主持人的形象思维能力,不论是对初学者还是对已经在主持工作岗位的人而言,都是一项长期而重要的任务。我国杰出思想家严复对翻译工作提出了"信、达、雅"的标准。主持人作为全社会语言标杆、模范,这个标准也应是我们对其有声语言传播的评判维度。信——准确、真实;达——思路顺畅、逻辑清晰;雅——优雅别致,让人有美的享受和情感的美好体验。

三、五官形象思维过程

(一)视觉形象思维

1.视觉形象思维概述

符号学家索绪尔认为,"语言符号系统"是人类建立的庞大而复杂的符号系统之一。语言符号中,能指和所指的对应关系及其变化,形成了人类语言的功能基础。"能指"是语言文字的声音、形象本身,是语言文字呈现出的现实样态,而"所指"则是语言的意义,是能指所承载的含义。

从牙牙学语开始,我们就不断将语言符号和其所指联系起来,并不断强化、熟练这种联系。从视觉思维来讲,我们的视觉形象记忆可以说浩瀚而庞杂,后天通过语文等相关学科的学习,我们可以在日常生活中瞬间挑选出词语,与我们所要表述的视觉形象相对应并且表述出来。视觉信息在人类信息接收和处理中的占比很大,大约有60%,因此,视觉信息的"语言化"(符号化)是我们内部形象思维和外部表达的基础和主体。

以往看似简单的表达实际上是一个多环节的过程,涉及心理、生理等多系统的多种功能。简单来说,视觉形象思维和表达过程可以分为视觉接触、信息取舍、信息记忆、信息内部编码和外部表达的环节。

主持人形象思维和表达训练的重点在于优化形象思维过程的诸环节,提升"五种能力":观察力、辨识力、记忆力、编码力和表达力。

(1)观察力——形象思维始端的优化

观察力是视觉信息获取的能力,它不同于单纯的生理能力——视力。视力仅仅是观察力的基础,是生理机能的基础。观察本身是一种带有强烈的个体差异、主观能动性的信息获取活动。观察力是建立在视力之上的,对观察对象的视觉性信息获取的能力。观察的细致度、全面性、层次性、多角度、多元化和准确度等,都是评价观察力的重要指标。观察力是可以经过科学训练得以提升的,两位视力水平相同的人,经过绘画训练的人的观察能力一般优于未经过训练的人。观察的全面性、多元化反映在对视觉性的各类信息的把握,即对形、色、质、态、影五类主要信息的识别和接受能力。

形——观察对象的空间状态,包括长宽高、方圆畸、粗细长短、高矮厚薄等。

色——观察对象的色泽,包括颜色种类和光泽度等。

质——观察对象的质地,包括肉眼可以识别的粗糙、光滑、材质等。

态——观察对象的运动状态,包括动静起伏、松紧张弛等。

影——观察对象的光影,包括阴影明暗、远近隐现等。

良好的观察习惯和观察能力的形成与培养是形象思维的基础,也是主持人语言形象化、生动化和细腻化的基础,主持人思维表达训练的根基成于斯。生活中,要勤于观察、善于观察,从早上窗外的晨曦、花叶的露水到路人的服饰、配饰;从繁忙的街道、路边的早餐摊到琳琅满目的超市货物……对活泼的、生动的、新鲜的各种视觉形象产生观察兴趣。

(2)辨识力——形象思维信息取舍的优化

对于信息的取舍是自发的,原始状态的取舍行为取决于一个人已有的知识素养、社会阅历和性格爱好等因素,不带有公众性、公共性。主持人是大众传媒的一分子,由于特殊的大众传媒的"光环效应"和"话语权效应",主持人工作中的言行,甚至一部分生活中被大众传媒捕捉到的言行都带有社会效应,这也是白岩松、崔永元、敬一丹等知名主持人的语言常常被当作"至理名言"的原因之一。因此,主持人要注意大众视角、主流价值取舍,从自己狭隘的、私人的圈子走出来,关注那些涉及公众利益、公共事务的形象,塑造自己的公众意识、媒体素养。主持人敬一丹、张绍刚等都表达过自己在上下班时更愿意步行或乘坐公共交通工具的想法,因为那样可以观察到更多民生百态,观察各种人物和社会生活,这正是主持人媒介素养的一种体现。

(3)记忆力——形象思维信息存储的优化

这是形象内部思维过程的基础。我们在进行形象思维时,所用素材都是存储于脑中的视觉形象。心理学家在对小白鼠记忆现象的研究中发现,长期生活在丰富视觉信息中的小白鼠,其神经中的相应组织结构更发达。这一点启示我们,记忆的牢固程度、细致程度和清晰度是可以通过有效训练提升的。记忆力的训练可以随时随地,例如,白天的时候有意识地观察和记忆,到了晚上闭目回忆这些景象:今天走过的街道、去过的地方、看到的景物、遇到的人,这些人的衣着外貌、表情举止等。这种日常训练可以使我们的记忆力神经更发达。

(4)编码力——形象思维信息符号化的优化

此处的编码力,是指将词语和具体视觉形象对应的能力——挑选最合适、最准确的词语来指称视觉形象的能力。只有广泛积累和学习各种词语,拥有丰富的词汇量和词句量,加上对语法的熟练运用,才能灵活、准确、富有创造力的选用词语。编码力也是对各种修辞手法的综合运用能力,这种能力起源于一个人的语言学习成型的基础教育、中等教育时期,和我们平时接触的语言文字类作品多少有着直接关系,例如文字类的小说、诗歌、散文,语言类的话剧、相声、小品、评书、影视剧等。

(5)表达力——形象思维信息符号化输出的优化

表达力是对内部编码的呈现能力。气息和嗓音控制、语音的吐字归音、重音停连、节奏语气等的把握等,都属于内部编码的外部呈现力。优秀的内容如果失去了良好的表现,内容本身的美便不可能传达出来,而良好的表达呈现,则会给内容本身增添魅力和色彩。著名节目主持人赵忠祥在一次访谈节目中提到自己的一位朋友在看了《动物世界》解说稿后,有些失望又有些疑惑地告诉赵忠祥,听他播讲《动物世界》时,总会被描述的内容所打动,感觉解说词写得非常有艺术感,令人陶醉。而看到原稿毫无精妙之处,怎么从他口中说出来就变得打动人心了呢?这就是表达力、呈现力对文稿本身的贡献。这一点,在播音员、主持人的普通话语音与发声训练、播音创作等课程中都有系统讲解和训练,在此不再详述。

2.视觉形象思维与表达训练

(1)平面视觉思维与表达

平面视觉思维是指二维空间中的视觉形象思维和表达,例如,画作、照片、宣传画、壁画等都是平面视觉思维和表达练习的素材。通过对这些二维视觉信息的观察、分析和表述,可打通我们的眼、脑、口通道。

平面视觉思维和表达训练要注意以下几点。

逻辑顺序:一般来说,人们的视觉观察遵循着从上到下、从左到右、从中心到四周、从整体到局部、从主体物到背景的顺序,这是大众普遍的心理规律。在描述训练时要遵循这一规律,主持人要了解和适应这种空间规律,让自己的空间思维逻辑符合大众需求,利于大众传播。

色彩色调:一般来说,在一幅图画中,越是大的色块越能引起人的注意;在色块面积相当的时候,越是明亮、鲜艳和温暖的色调,越能吸引人的视觉注意;色调对比较大的区域,也是人们容易注意的区域。在色彩观察时也要注意这些区域,因为一幅画的主色调,奠定了一幅画的基调。明亮温暖的色调是一幅画的亮点;色彩对比强的区域也是图画的作者希望观看者注意的地方。所以,色彩的观察不仅仅是视觉的因素,也蕴含着心理因素。

形状形态:任何图画都包含着不同数量和不同搭配的形状。一般来说,人们对带有规律性布局的形状有着视觉偏好。例如,图中连续出现的房屋柱子、由近及远渐次递增的台阶、排列整齐的军队、起伏有致的山峦等。另外,形状奇特、新颖的部分常常是观察者容易关注的部分。观察和描述时尤其要注意这部分的信息。

内容信息:从内容的性质来看,人们往往对和自己有关的内容投入更多的关注,例如一位中学生观察一幅画时,会注意图画中的学习、青春、同龄人等相关元素,而一位老妇会对健康、养老、同龄人等元素更加留意。主持人在训练这一方面的观察力时,要从大众传播角度、受众角度找出多元的内容元素,找到大众关注的契合点。

(2)三维视觉形象

相对平面视觉形象,三维视觉形象是立体的物件,各种顺序、逻辑关系、观察规律除了遵循平面二维的左右、上下、中心局部关系外,还有从前到后、从外到内、从大到小等观察顺序。

这种维度的变化对观察行为的影响还表现在另外两个方面:先是从单一角度变为"多视角";在不同的视角下,一个物件、一个实物的形状是不同的。即便是一个浑圆球体,从不同的角度观察,也会因为光线的变化而呈现出不同的阴影、光泽。因此,在三维视觉形象思维和表达练习时,要注意视角选取——别致、新颖、出其不意。这种视角选取的思维训练,是对讲述者思维方式、思维能力的优化。打破原有视角、探求独特侧面来观察事物,对主持人观察世界、认识世界和新闻评述、热点话题评述等有着潜移默化的作用。同时,还要注重建立"环境意识"——任何物品、人物的存在都不是孤立真空的,其所居的环境、所处的空间状态,对其外貌的展现都有影响。主持人在观察和表达时,要注意到这一件物品、这一个人物所处的环境对其外形、色泽、光亮等视觉信息产生的影响。

下面,以一个钱包为例:手中是一个棕褐色的皮质钱包。正方的外形和其他男士钱包没有太大差别;从光滑细腻的钱包表面可以看到横竖交错的皮纹;在阳光的照射下有如千沟万壑的平原;钱包的正面右下方,大写英文字母"FEGER"呈现出英文的立体感;字母浓重的黑色让钱包显出沉稳的气质。钱包边沿的针脚细密规整,针脚外沿是一圈精致的胶状包边,颜色略深,让钱包看上去更加尊贵。

展开这一个棕色的钱包,里面的结构平淡无奇:左边的相片夹,右边的卡槽都是中规中矩的设计。但是当你细看,在右边卡槽的下方有一排立体而隽永的英文手写体字母,经过浮雕式处理,流畅中显得灵动活泼,顿时让钱包有了生气。

钱包的纸币存放部位一共两层,空间不是那么宽松,看起来只能存放少量的纸币。也许有人会觉得这是设计的失误,我却不这么认为。"互联网+"时代,人们大多使用网络支付或刷卡支付,更多的纸币是一种负担。所以,我觉得这恰好是钱包设计者对时代变化、支付方式的回应。

对一个钱包的描述选取了三个视角:合拢、展开和侧面。讲述注意到了环境因素:阳光照射——从合拢状态到展开,感觉到了视角的运动,而每一个视角都抓住了钱包的特点和亮点,尤其是对侧面角度的描绘,结合了当今科技发展给人们支付行为带来的变化,给人耳目一新的感觉。

此练习可以借用携带到课堂的实物来进行,例如钥匙串、水杯、钢笔、文具袋、书本、钱包,首饰……

(3)四维时空视觉形象

当一个实物在时间轴上开始变化,就形成了我们观察的四维空间。世间万物只有在时间的维度下,才是真实、鲜活的。较之于前面两项练习,四维时空的观察更侧重于在时间的流变中观察对象的视觉变化。

四维时空视觉形象的观察中"态"的观察是重点之一,训练运用准确传神的词句来描述观察对象的运动状态、变化形态以及变化中的姿态、情态等。

学生表达案例——四季校园:对于一个生活、学习、休闲基本在方圆十里之内的我来说,四季的表情都集中在了校园之中。春回大地的校园,风和日丽、人清气爽。学校老教学楼周围的大花园里,各种叫不出名字的花开始孕育怒放的生命,嫩绿的树叶开始从各种树木上钻出来,长廊上的颜色也开始渐渐由灰黑变得青翠。然而我觉得此时最显眼的不是花红柳绿、莺飞草长,而是同学们各式鲜艳新潮的衣服,有些同学已经耐不住性子,尽管春寒料峭,他们还是在阳光明媚的下午换上了薄薄的单衣,跳跃的身影在校园里比花木更显生机盎然。

夏天的校园多了几分慵懒,尤其是午间时分,阳光在没精打采的树叶上释放热量,地面腾起的热浪烘烤着每一栋楼、每一棵草,躺在草坪树荫下午休的同学时不时扇着扇子,眯着眼睛打盹儿。偶尔见到几位路过的同学,打着遮阳伞、躲着太阳慢慢走过。一位同学鬓角渗出的汗水打湿了脸颊,她用手臂拭去汗水,眉头轻轻一皱、嘴角微微咧开。一阵风吹来,树叶上似乎有千万个精灵闪烁跳舞。夏日的傍晚,整个校园恢复了生机,操场上的足球撒野似的起落,篮球场上挂着汗珠的队友来回穿梭。这时就连体育场周围的道路上都这一群、那一簇地分散着踢毽子、打羽毛球的同学们。

每年的9月,校园树叶渐黄、花草渐枯,清凉的风吹得空气也清朗了许多,瑟瑟寒意使每个教室的窗户都紧闭着。尽管大地开始失去生机,但每年的这个时节校园却是异常热闹。9月初,五湖四海的新同学及其家长涌入校园,学校的道路上、食堂里常常能看到穿着清新、得体的新生,有的与家长一起,有的独自一人,提着包、背着行李,用一种兴奋、新奇的表情打量着校园。而校园的宿舍区、迎新区则挤满了各种商家,书籍用具、电脑手机、生活用品等把宿舍区的道路装扮得五彩缤纷,迎新区到处是各个院系的海报、展板和棚架,更是显得热闹非凡。接下来的半个月,操场上每天有军训的队伍喊声震天,迷彩色形成了一道道风景线。10月,学校各个社团的各种活动开始密集登台,话剧社、诵读社、演讲社、书画社、街舞社……让原本萧瑟的秋天变得异彩纷呈、热热闹闹。

冬天的校园最引人注目的是早晨。校园里的路灯把晨曦照亮,宿舍楼里投射出的灯光穿透了弥漫的晨雾,显得美轮美奂。从宿舍里穿梭而出的身影从头到脚裹得严严实实的,毛茸茸的耳罩、柔软细腻的围巾、厚实的口罩、羽绒服遮盖着大半个身子,一双双花色各样的棉鞋走在微微结冰的路面上,发出嚓嚓的响声。天还未亮,校园里就已经开始活跃,各种晨练的同学口中呼出阵阵白气,路灯下三三两两地走动着。如果下一场雪,校园更是美极了。路边的万年青被整齐地盖上一层"棉花被";草坪上留下各种脚印,伸向远方;同学们在雪地里滚雪球、拍照;布满雾气的窗户上写着各种文字、画着各种花纹。雪后的阳光又给了校园一层温暖的金色。

这就是我印象中的校园四季,我怀念的四季校园。

3.视觉信息思维和表达中的"镜头意识"

在摄像中,"镜头"指摄像机从开始拍摄到停止拍摄之间的画面。电影、电视都是用镜头来记录和讲述的。不同的取景角度、取景大小和镜头运动方式等,反映出拍摄者不同的艺术构思和叙述主张。我们在视觉形象思维过程中,可以借鉴这样一种镜头化的观察和思维方式,我们称之为"镜头意识"。

取景角度——观察角度,摄像的取景有平拍、俯拍和仰拍之分,拍摄方向分为正面角度、侧面角度、斜侧角度、背面角度等。观察的角度亦然。

取景距离——取景的远近形成了不同的景别:远景、全景、中景、近景、特写、大特写等。不同的观察距离可以让被观察对象呈现出不同的细腻度和气势感。

镜头运动——镜头的运动一般分为"推、拉、摇、移、跟、甩"六种。六种不同的镜头运动可以表达出不同的情绪、目的和意图。我们的形象观察可以将双眼视作镜头,借鉴不同的镜头运动方式来观察事物,获得别致的视觉体验,丰富形象思维。

"镜头意识"并非在我们视觉体验之外建立一套观察习惯,而是通过对镜头感的强化,建立起观察的画面感,让"表象"在大脑中更加清晰具体,让"意象"的形象基础更加丰富饱满。同时镜头意识也提醒我们注意观察的逻辑性、层次性和次序感,镜头拍摄是以画面形式呈现的,每一段拍摄画面都有明确的"起幅"和"落幅"(运动镜头开始的画面和结束的画面)以及中间的运动过程,每一段画面又跟前后画面有逻辑性、次序性的承接关系,整体的一组画面显得有层次感。

我们在观察、思维和表达的时候要注意我们为观众呈现出的画面是有层次感、有前后次序和逻辑性的。在表达中,可运用一些语词来强化这种层次关系,例如:"在楼下面""在花坛的西侧""从中间往两边看""平行的视角看杯子"等。

徐志摩在《我所知道的康桥》一文中,有一段景物的描写,镜头感比较明显:静极了,这朝来水溶溶的大道,只远处牛奶车的铃声,点缀这周遭的沉默。顺着这大道走去,走到尽头,再转入林子里的小径,往烟雾浓密处走去,头顶是交枝的榆荫,透露着漠楞楞的曙色;再往前走去,走尽这林子,当前是平坦的原野,望见了村舍,初青的麦田,更远三两个馒头形的小山掩住了一条通道。天边是雾茫茫的,尖尖的黑影是近村的教寺。

此段描述犹如作者用镜头的"推拉摇移"运动,用近景、中景、远景、特写等来引领我们"看到"剑桥大学的景致。

(二)五官的其他形象思维训练

视觉、听觉、肤觉、味觉、嗅觉共同构成了我们人类的"五觉"。五觉是我们认识和感受外部世界的通道,这些感官接收的感性信息构成了我们对外部世界的感性认知。

1.听觉信息的捕捉、记忆和表达

听觉的辨认是靠人耳这一感觉器官进行的,音高、音强、音长和音色是我们辨认声音的物理指标。听觉信息的捕捉和表达要注意的是取舍和选词准确。由于人类听觉的生理特性,声音信息几乎是所有信息中最难以"拒绝"的。虽然耳朵没有关闭的功能,但是我们的听觉器官却有一定的"选择"能力——"注意"的心理效应。心理学研究发现,"追随耳"和"非追随耳"在同一时间内。接收到的信息量差别很大,当我们注意听一种声音或一个音源时,其他的声响会被我们的听觉系统"过滤"掉,不被接受。

其实,当我们明确注意某种声音时,其他的声音虽然也传到耳朵里,但并不被我们编码、储存。心理学认为我们大脑可以直接加工的材料是外部刺激神经之后引起的神经冲动,如果信号进入感觉器官却没有引起神经冲动,则不能被大脑识别且记忆,这种从外部刺激到神经信号的过程被称之为感觉的"编码",也就是我们通常所说的"听而不闻"现象。因此,对声音信息的经验、记忆和描述,可用"捕捉"一词表示。这是一种对某一类或几类声音进行追随,排除其他声音刺激之后的神经冲动。正因为这种捕捉能力,是一种关系到生理机能的能力素养,所以可以通过练习来强化、优化这种"听"的能力。表述时,首先,不仅要抓住声音的特点,更要选取能让听众听得懂、产生共鸣的词语和表达方式;其次,要注意听觉信息和视觉形象的相通性,使用形象生动、准确鲜明的词语来表达;最后,注意表达的层次感、次序性,将声音的方位、远近等空间逻辑理顺。

2.肤觉、嗅觉、味觉等感受和表达

肤觉(通常所说的触觉)信息是由分布在人体皮肤中的各种触点来感受的。心理学家将肤觉分为"冷、温、痛、触"四大类感受能力。肤觉主要包括人体肌肤对冷热、触压、疼痛、震动、材质等的感受。肤觉可以认识事物的软硬、粗细、长短、轻重、钝锐等多种性质。

味觉是我们口腔内肌肤所独有的感受能力,凡是能溶于水的物质都是味觉感官的适宜刺激。过去我们通常认为只有舌头是味觉的接收器,其实除了舌头,咽壁、会厌和颚都分布着数量不等的味蕾,这些都可以感受到味道,形成人的味觉感受。嗅觉信息是靠人鼻腔内"嗅膜"组织里的"嗅细胞"来接受的。

这一类形象信息,被称为"辅助形象信息",这是由于这三类信息"不能离开视听信息而单独存在,主要起到辅助性的形象信息作用"。

四、形象性信息的记忆和表达

较之于视觉信息的现场编码表达来说,视觉形象信息的记忆和表达不仅仅是增加了"记忆"这一环节。学者李传龙对形象思维的过程研究中提出"只有感性认识才能和客观世界直接发生联系。如果说感觉、知觉、表象这一类感性认识是人类认识的初级阶段,那么思维则是人类认识的高级阶段"。感性认识的结果才是形象思维的基础。感性认识在大脑中的留存被提取,我们称之为形象信息的回忆。心理学认为,回忆是有选择性的,并非对过去事物的"简单再现"。由于生理性遗忘和主观性取舍等因素存在,经过一段时间之后人们的感性认识会发生改变,在记忆的不准确性和后期"想象"因素的作用下,直接看到对象物来表述和经过一段时间后浮现对象物的感性认识,再来进行思维和编码,结果会很不一样。后者融入了更多的主观性重组、叠加甚至不自觉增补的元素。

因此,在这一过程训练中,要尤其注意三个方面。

(一)取舍有度、详略有别

对所观察的对象进行有意识、有重点的形象记忆。在视觉形象信息记忆和表达的过程中,不能面面俱到,否则达不到训练的目的。

(二)层次清晰、逻辑顺畅

在对感性认识素材进行浮现时,注意逻辑顺序和主次关系。人们对自身记忆的复述往往受到形象模糊、形象断裂等状况的影响而抓不住逻辑性,分不清主次关系,在训练中要着重练习。

(三)表达流畅、善用技巧

在对视觉形象进行记忆和表述时,人会不自主地分出大量精力用于回忆,这会影响表述的流畅性和语言的组织,这既是此项训练的难点,也是重点。训练中要强化对"想在说前、边想边说、不露痕迹、一气呵成"能力的提升。

记忆根据保存长度,在心理学中被分为感觉记忆(瞬时记忆)、短时记忆和长时记忆。我们着重训练的是信息经过处理、加工后,具有一定深度的长时记忆。由于短时记忆的时间只有一分钟左右,其记忆的素材无法作为训练的素材。研究表明,新的信息必须与大脑中已有的知识结构建立起一定的联系,作为大脑整体信息系统的一部分,融入已有的知识结构中,才能获得巩固。要形成一分钟以上的长时记忆,我们需要把新的信息分门别类,纳入已有的大脑信息系统内,或者把散乱的、不成系统的信息归纳整理成一个系统性信息结构。这一过程被称之为长时记忆的"编码"。这对我们的视觉记忆——表达的训练非常有启示:将观察到的各种视觉形象、视觉信息跟我们已有的视觉形象和其他感官信息相联系,并且进行有序的归类、组织,以便我们在短时间内形成"长时记忆"。

视觉形象记忆属于"形象记忆","这种记忆所保持的是事物的具体形象,具有鲜明的'直观性'"。这一特性提示我们在训练时注重直观感受的语言化,并且要加速这种"符号化"过程。

试举一例:课堂上教师给学生展示一个精美的、镶嵌了宝石的首饰盒。在观察时,我们注意跟自己已有形象认知体系中的各种形象联系并且进行系统化归类,对这些形象感受按照一定的规律组成新的形象认知框架——从形状、体积、材质、色泽、光影、触感、气味等类别组织归类,依照先外后内、先上后下、先左后右、从前到后、从整体到局部……的逻辑顺序,将信息组成一套形象认知框架。这样形成的视觉形象记忆能够迅速从短时记忆转成长时记忆。

五、各感官形象思维的综合思维与表达

这一部分通过对一个对象物做综合形象的表达练习,来提高形象思维和表达能力。这不是对前一节内容的简单累加,而是统筹优化、去粗取精、形成表达作品的过程,也是对思维的内部编码速度和外部表达效果的提升。此阶段对形象思维的要求有这样几个方面。

(一)抓特点、显亮点

哲学家戈特弗里德·威廉·莱布尼茨曾说过,"世界上没有两片完全相同的树叶"。同样是古建筑,同样是山水风光,同样是猫,每一个具体的个体都既有共性又有特性。共性是其类别、种属的特点,是"这一类""这一种"事物所具有的共同点,而特性是一类事物中具体的一个个体所具有的"独一无二"的外貌、性质等方面。例如,只要是"鸟",就一定有鸟头、鸟身、鸟尾、翅膀以及爪子等结构。而具体的一只,其羽毛花色分布、眼睛、喙、爪子等都具有独一无二的特征。在共性中找出特性,在司空见惯的"相同"中观察、分析,找出"不同",考验、训练主持人的洞察力、分析力。

亮点,是事物特点中引人注意的方面,是一个事物的看点所在。事物的特点有显著和隐晦之分,有价值与无意义之分。"亮点"的把握,正是主持人对事物特点进行深入比较、分析后的结论,正是在表面的形象思维能力中蕴藏的逻辑分析和理性思维。亮点的选取,带有强烈的主观性质,是一个人对观察物的主观价值判断。主持人作为大众传播媒体的传播者、舆论的反映者和引导者,在做这样的训练时,要注意联系社会主流价值观和大众主要的价值取舍。

(二)巧开头、善结尾

一段开场白也好,一段编后语也好,主持人的语言作为有声语言传播艺术,要注意传播规律对主持人语言的要求。一个别致、有吸引力的开头,是有声语言传播带给人的"第一印象",也是抓住观众、留住观众的必备能力。结尾要出彩,避免"说到哪儿,就到哪儿结束"的无设计感的结尾。心理学上的"近因效应"便是指传播中居于信息单元尾部的信息往往给人留下深刻印记。

例如描述云南的风景名胜滇池,这样的开篇并没有错:在云南,我游历过滇池,一望无际的湖面……但是太过平常,丝毫不能引起听众、观众的兴趣。若尝试着换一种开头呢?

例1:自来水、雨水、矿泉水,我们每个人对水都不陌生,但当16亿立方米的庞大水量以一种少女般清纯曼妙的姿态静卧在高原上时,就不得不令人惊叹了。滇池,就这样神奇地存在了千年……

例2:提到彩云之南,提到四季如春,你会立刻想到魅力无限的云南,想到花团锦簇的昆明,当然,你也一定会想到滇池。中国的大小湖泊数以千计,但滇池绝对是最令人神往、让人遐想的湖泊之一……

这些开头都比较巧妙,一改那种四平八稳、平常无奇的句式、语式,让人想继续听下去,这样就达到了"巧开头"的要求。

别致、新颖、有吸引力的处理方法有很多,可以从句法、句式、词句、次序、角度、结构等多方面思考。可以学习借鉴下列做法:①将对象物的特点、亮点之一放在开篇。②对人们司空见惯的现象或认为理应如此的想法提出质疑,以引起人们的思考和兴趣。③突破惯常的完整句子,以"画面切换"式描述开头。④以强烈反差、明显对比的内容开头。⑤替换常用的词句、句式结构,次序结构。

(三)结构好、脉络清

此部分的表达练习长度以2分钟为宜,字数在400~600字。表达中要围绕着主线,有合理的详略布局。注意讲述的层次性:每一个层次内部及其之间的逻辑关系和承接顺序。有声语言具有"稍纵即逝""过耳不留"的特点,不像书面语言那样可以重复品读,因此口语的表达要注重层次之间的前后承接,突出上下文之间的联系,这样才易于听众把握住主持人所说话语的整体内容。

(四)语言顺、有配合

在进行表达练习时,一开始就要注意克服"无稿件说话"时多余的填充性语气词和心理无意识语气词,如"嗯""这个""那个""然后""那么"等。这些对于表达没有任何意义的语词不仅会降低信息的含量,更会降低语言表达的艺术感。同时也要注意表达中的磕巴和口误。对语言表达的外部形式要求,要引起我们的高度重视。张颂教授很重视广播电视语言的"规格感",对"口语至上"的观点作了分析,指出"大量业余的主持人涌向话筒,语言传播的规格降低了,语音不准、用词不当、语法不通、语流不畅的现象相当普遍,在种种意见中,这种'口语至上'的观点比较突出。这种观点,有意无意地贬低了书面语言以至文学语言,有意无意地推崇日常口语,好像书面语言连同日常口语平起平坐的资格都没有了"。谈到该问题时,张颂也同时引述了语言学家罗常培、吕叔湘的观点:"我们必须把语言巨匠们对语言的丰富和发展所做出的贡献,和不受约束的无缰之马在语言使用上的捣乱行为严格区别开来。"

诚然,这种情况在无稿件说话、即兴表达训练初期不可避免,但是语言具有习惯性,如果在初期不严格控制,这种表达中的"斑点"就会成为习惯。因此,训练时可以放慢语速,严防这些"斑点"出现,让流畅的表达成为习惯。

语言表达中,不论是有稿还是无稿,都应该有基础的元素:停连重音、语气节奏、对象感、交流感等。这种表达艺术的基础元素是一种语言习惯,同样需要从初期培养。

在有声语言的表达过程中,伴随着除了声音信号之外的多元信息:表情变化、手势动作和肢体语的配合。主持人在节目实践中,尤其要避免格式化的微笑和程式化的手势,主持人是以人际性传播者的身份,个性化、真实化地出现在镜头中的,恰当的手势语和面部表情动作能够帮助其优化传播效果。在思维和表达训练的开始,就要注重对多元化输出、声音和表情等的协调配合训练,避免表情内容分离、手势刻板、肢体僵化。

第二节 形象思维练习

一、视觉形象表达练习

(一)平面视觉表达练习

1. 素材选取

平面视觉形象的思维表达练习可选素材广泛,古今中外的各类画作、平面广告画、各类摄影作品等都可以作为练习素材。

2. 基本要求

平面视觉形象的表达首先要对练习素材进行全面、仔细的观察,从整体和局部、结构和色调、内容和风格等多方面把握素材;其次需要结合自己已有知识积累,借助一定信息手段了解素材的相关背景材料,加深和优化对素材的把握;再次,在描述和表达中厘清思绪,注意次序、控制好语速,心平气和地讲述,边想边说,想好再说,保证内部思维编码快于外部表达活动;最后,每篇表达根据素材内容情况,篇幅在1~3分钟。

(二)三维视觉表达练习

1. 素材选取

三维视觉的表达练习通常选取较容易转换视角的中小型物件,日常生活、学习、通信、娱乐时接触到的物件都可以作为练习物。

2. 基本要求

语言流畅、准确、清晰,一段话的失误(如"嗯""啊"、磕巴等)控制在三处以内,注意讲述时的语态、体态和表情等,展现出良好的讲述状态。

(1)物件观察和表达素材参考

钢笔、手机、水杯、钥匙串、挎包、配饰、小包装盒、文具袋、手套、钱夹子、纽扣、眼镜、裁纸刀等。

(2)人物观察与表达

这组练习有不同的形式可以训练。

第一种,同学2~3人一组,相互观察,描述自己看到的这个同学的外貌、衣着等视觉信息。

第二种,同学依次上台,对台下某一位同学进行描述,事先并不说出自己描述的人名,让大家一起猜测其描述的人物,评价其观察的效果和表达的状态。

第三种,2～4人同时观察一位同学,要求每一位所使用的词语、句子不能相同或高度相似,旨在训练观察多样化角度、多元化语言使用和创新表达。

(3)景物观察与表达

选取校园中或校外的公园、景区、集贸市场等场景、区域,进行观察和表述,此项训练的重点在于视觉信息的记忆和表达。第一次室外观察,由教师带领,并指导学生对庞杂、纷繁的场景有选择性地、重点明确地进行观察和记忆。之后,学生分组进行,2～3人一组,到不同区域进行观察,注意信息的取舍、重点的突出。

(三)思维视觉表达练习

四维视觉表达练习的要求除了前面表达练习的要求外,还要注意对时间先后次序的表达,适时地用词句体现出时间逻辑关系。

1.人物运动状态

注意在观察中选取典型细节、抓住运动的过程特点。例如,一个人的眼睛在不同情境下的运动和变化特点;一个人的手指动作怎样随着活动而出现细微变化;一个人的嘴巴怎么变化等。

2.视频片段描述训练

选取一段1～2分钟的视频,看两到三遍后,描述看到的情景。注意观察这一段视频中主体的运动变化、环境的变化、光影的变化等。

视频内容在选择上尽可能多元化,例如,山水景色变化、人物特写镜头、赛事场景、动物运动、城市街景、行业场景(理发店、汽修厂、采矿场、杂货铺)等。

二、听觉形象表达练习

听觉的表达练习要着重注意两点。

第一,对于拟声词的运用和声音描述性、比喻性词语的选取和使用。

第二,将一段或一组声音进行整体把握,并结合细节描述,立体再现这段/组声音信息的全貌。

(一)多种类声音捕捉和表达练习

第一,对一段交响乐中所有有关"情绪""环境"等不同类别的声音进行描述。

第二,描述一段大街上随意录制的实况音响。

第三,描述一段大自然音响中的景物、动物等。

第四,描述一段唱段的人声,如歌唱、曲艺等作品的选段。

第五,听完一段集市上的各种叫卖声后,描述你听到了哪些买卖,各在什么方位。

(二)单一种类声音捕捉和表达练习

第一,录制一段清晨马路上的声音,捕捉某一类声音的出现、消失、再出现等变化。

第二,用准确、形象的词语描述一段独奏曲。[1]

第三,描述一段自然音响中风声、雷声、蛙鸣、波涛等声音。

第四,描述一段交响乐中某种乐器的演奏情况。

三、综合形象思维表达练习

(一)事件描述

第一,讲述往事、趣事,或一段印象深刻的经历等。

第二,复述影视剧、情景剧、小品中的某个片段、故事、场景。

(二)电视购物节目商品推介

在电视购物节目中,怎样抓住商品特点、亮点,用生动、形象的语言推介产品,考验主持人的形象信息描述技能。模拟电视购物节目的产品推介环节,对所售商品进行描述和推介。

(三)旅游节目外景主持

选取学校所在地一处外景地,如公园、景区等场所,模拟主持一档旅游节目,随走随说,沿途展现旅游地的风貌、景色、人物和游览感受。

---

[1] 韩米.播音主持艺术创作的思维运用研究[D].南昌:南昌大学,2019.

第四章 播音主持想象和联想思维

第一节 想象和联想思维概述

一、想象思维及其特性

(一)想象思维和主持人传播

1.想象思维概述

想象,是在大脑中完成对"象"的重现,是对形象性信息的浮现。其实质是对大脑中留存的形象性信息的再加工、再处理。其中"消极想象"是对已有的形象信息单一的回想过程,一般等同于"回忆"。"积极想象"则是对已有形象印记重新排列组合的思维过程。积极想象要以消极想象为基础,否则我们便不可能对已有的思维材料重组排列,进而产生积极想象。

想象的所有素材都是客观现实在大脑中的留存,我们不可能创造任何东西,想象的创造性在于"创造性重组"——利用现有材料的再加工、再处理,而非在大脑里创造出新的物质或存在物的印记。积极想象是人类思维能动性的体现之一,跟机械地、被动地、一成不变地反映客观事物不同。积极想象要求我们对大脑中的形象有目的、有规律、有逻辑地重新组合排列,衍生出有别于客观世界形象的对象物。想象基于现实生活,现实形象,但又超越现实已有的形象,在形象的外形、结构、性质、运动方式和时空等多方面进行无限制的变化。想象力不仅是我们适应社会生存、应对生活的一种能力,更是进行文学艺术创作必备的、核心的、极为重要的一种素养和能力。

2.主持人的想象思维和表达意义

虽然主持人的工作不同于创作一篇小说、一幅画作或话剧的剧本,但想象思维素养和表达同样必不可少。

主持人在节目中不仅仅是语言的发出者，也是语言的接受者。这一点尤其体现在访谈类节目、综艺节目和真人秀节目等现场互动性强、内容生成性强的节目中。在这些节目中，主持人的语言活动不仅立足于节目策划阶段的文稿，还要和现场的、不可预知的许多语言信息产生呼应和交流。在主持人作为听者的交流中，主持人自身的语言解码能力制约了主持人对信息接收的准确度、生动度和活跃度。尤其是主持人对形象类信息的"还原"程度，会影响主持人对说者意思的把握和自身情感的激发。我们在很多优秀的访谈类节目主持人身上都能看到这种素养，他们对访谈嘉宾所讲述的故事能身临其境、感同身受，对这些讲述所做出的回应，无论是在情感上、语言上还是在动作姿态上，都给人以舒适、和谐的视听享受。这就是主持人想象思维活跃的体现：主持人在大脑内部，将语言性信息转化为生理性信息，刺激大脑皮层，调取与之相应的形象性画面，体验丰富的形象性印记形成情感迸发点和内部语言编码根据。越是想象力丰富、活跃和细腻的主持人，越能带动节目现场进入某种氛围，帮助节目达到预期的传播效果。

作为有声语言工作者，主持人的语言魅力是职业能力和专业素养之一。尤其是在综艺类节目中，主持人语言的活跃度、生动性等，在极大程度上依赖于其想象思维的状态。没有想象力的语言是呆板、乏味的。司空见惯的事物不会引起人们的注意，同样，没有想象力的语言也无法吸引受众。语言新颖别致跟想象力的丰富有密切关系，别出心裁却又扣合主题的想象性语词，可以让主持增色不少。

在访谈类节目中，人物对话、交流构成其主要的视听内容，单一的场景、简单的画面元素让访谈类节目容易流于单调、乏味。主持人若能使用富于想象力的语言就能让现场活跃生动起来，《艺术人生》《鲁豫有约》等节目就很注意这一点，例如赵忠祥做客《鲁豫有约》的一期节目中，主持人鲁豫聊到赵忠祥主持奥运会时说："我当时还想，您要是用解说《动物世界》的方式，比如说来解说博尔特赛跑，他向着终点冲去了，什么的……"

这种奇妙的想象加上鲁豫模仿的语气，引来赵忠祥和观众的笑声和掌声，访谈气氛非常活跃，成为整个节目中的一个亮点。

(二)想象思维分类

1.人物形象想象

主持人的工作性质决定了其所有的节目中,少不了"人"这个要素。人们所关注的、所在意的、会产生兴趣的,都是跟自己,或者说跟"人类"的各个方面有着直接或间接关系的信息。因此,即便是以原始森林中的动物、自然风光等为传播主体的节目,也带有某种"人格""人情"元素在其中,其拍摄取舍、内容安排都或多或少跟人类的繁衍生息有联系。更不用说将关注点直接放在人类社会的节目了,不论是从《焦点访谈》到《今日说法》,还是从《星光大道》到《中国好声音》几乎所有的主持类节目,都是围绕着人类生活、工作、学习、休闲等诸多方面进行设计、策划和摄制的。[1]

人物形象,不仅仅指人物的"外在"形象,也指由人物的外貌、言语、行动,以及由这些传递出的一个人内在思想、性格、脾气、好恶等诸多元素构成的"综合形象"。这就要求主持人对人的外貌、行为、情感、思想、性格等诸多元素,要有意识地观察、记忆和思考。

人物形象想象和表达的关键有三点:材料选取的讲究、组合的新颖、词句选择的别致。例如,语言大师钱钟书在《围城》中,对人物形象的刻画虽寥寥数笔,却神形兼备:孩子不足两岁,塌鼻子,眼睛两条斜缝,眉毛高高在上,跟眼睛远隔得彼此要害相思病……唐小姐妩媚端正的圆脸,有两个浅酒窝。天生着一般女人要花钱费时、调脂和粉来仿造的好脸色,新鲜得使人见了忘掉口渴而又嘴馋,仿佛是好水果。她眼睛并不顶大,可是灵活温柔。反衬的许多女人的大眼睛只像政治家讲的大话,大而无当。……她头发没烫,眉毛不镊,口红也没有擦,似乎安心遵守天生的限制,不要弥补造化的缺陷。

一个是长相不讨人喜欢的小孩、一个是天然去雕饰的素颜美女,在我们的形象素材中并不缺乏这样的原始材料,也不缺乏可以想象的空间,关键在于言语的选取,钱钟书摒弃了老套的表述方式和形容描写,独辟蹊径、妙笔生花。巴尔扎克曾说:"第一个把美女比作鲜花的人是天才,第二个是庸才,第三个则是蠢材。"表达要言人之所未言,方能吸引受众。

在人物形象的想象方面,古今中外名著中有许多堪称完美的重组新形象:《西游记》中,由人性、神性和动物性组合而成的孙悟空、猪八戒;《巴黎

---
[1] 王彪. 主持人思维与表达[M]. 北京:中国传媒大学出版社,2017.

圣母院》中"面丑"和"心美"结合的卡西莫多；《悲惨世界》中令人敬重却又叹息的苦役犯、市长冉阿让……这些人物形象以其典型化、集中化和特质化著称，又以其合理的思想、言行逻辑而成立。

总的来说，人物形象的重组性现象需注意以下几方面要求。

(1)符合现实逻辑合理性原则

此处的人物形象练习，要遵循"逻辑合理性"原则——符合逻辑，具有顺畅的前后逻辑关系，真实可信。需要注意的是，这一点和文学创作中的"现实主义"流派不同。前者指的是所想象的形象令人信服，强调不违背人的思维逻辑、前后关系。后者是一种创作主张，文艺思潮，主张对现实不加任何夸张、虚构的"写实主义"。现实逻辑合理性的规定，表面上看是对观察能力和记忆力的训练，实则是对包括心理、行动、言语等在内的训练。

(2)具有鲜明的特点

人物形象的想象最忌千人一面、刻板僵化。现实生活中的人，在很多方面都有自己的特点，从外貌到性格、从言语到行为。人物形象想象需要我们注意观察所遇到的各种人物的特点。特点是区别于同类的"独有性""特异性"。有些人的特点鲜明，有些人的特点隐蔽，这就要求我们善于从细微处着眼，去发现和抓取人物最鲜明的特点。例如对人物外貌的观察中，经常会遗漏眉毛的眉形、眉色、眉毛的疏密等平时不太会注意的细节。通过类似细微处观察训练，可以强化和优化我们对细节的观察力。同时，从观察到描述，又能提升我们言语的准确度和词语的丰富度。

在人物访谈、事件访谈、综艺娱乐等节目中，都涉及主持人对节目中人物的观察和分析能力。在《艺术人生》《鲁豫有约》《对话》《实话实说》《面对面》《可凡倾听》《非常静距离》等人物访谈节目中，主持人如能在极短的时间内对访谈嘉宾、现场观众的特点进行准确分析、抓取，并能生动表达，往往能调动嘉宾的情绪，引发观众的共鸣，成为节目的亮点。

(3)具有一定的目的性

文学作品都具有一定的"主题"，而"目的"是主题中的核心要素。"目的"指引着创作者取舍材料、组织内容和架构篇目。人物形象的想象过程，并非"意识流"状的散乱无序，而是要为想象确定一个目的：作者表达这种形象的目的是什么？是讽刺、揭露、讴歌、赞美、警醒还是推崇？人物形象的背后,是一种思想、一种观点、一种判断,透过人物的形象来表达作者内心的情感,这是人物形象想象的关键。作为一个多重形象的集合体——想象的人物形象是想象者在大脑中不断取舍信息后组合而成的形象体,决定我们取舍的标准就是"表达目的"。只有目的明确的想象过程才是有意义的,才会和受众产生共鸣,或者激起受众的反对,总之是"有反应"的。

(4)具体鲜活、可信度高

当我们去想象一个人物时,要从实际生活出发,防止"脸谱化"的人物形象,摒弃"格式化"的语言,拒绝"腔调化"的说话。这种思维模式、思维角度对主持工作具有深远、重要的影响——只有这种思维模式、思维角度外化为一个主持人的有声语言、副语言时,才会有"亲和力",它在很大程度上决定着主持人的提问角度以及互动语言的用语、语调、语气等因素。今天,麦克卢汉预言的"地球村"已经悄然出现。人际传播借助融媒体技术变得异常活跃,人们可以在微信、微博等社交平台上即时互访、互评、交互信息。从演艺明星到商界巨子,其个人形象逐渐在公众视野中变得丰满、鲜活。以往的"单面人"变得多面、多元。在当前这个回归"真实"的时代,主持人在节目中对人物的全面理解、全面准备,影响着主持人对"人"真实性的理解与传播,也决定着该节目的成败。

《半边天》主持人张越曾参与过《我爱我家》《临时家庭》等剧的编剧,这两部反映平凡人的日常生活却又亮点频出的经典之作,恰恰是对人、社会、人际关系细心观察后浓缩了深刻思考的作品。张越将这种关注和思考带进了《半边天》,于是我们看到了一档语言质朴、情感真挚、视角亲切、深入人心的节目。

2.景物形象想象

(1)景物想象思维的素材

景物想象思维训练是对我们大脑中已有的景物记忆素材加工、重组的训练。景物记忆素材来自各种途径,主要分为直接接触和间接接触两大类。

直接接触的景物是我们亲身游历过的。这些景物既可以是名胜古迹、高山大河等著名景点,也可以是乡间一隅、城市一角等无名之地;既可以是楼亭阁轩、路桥堤坝等人造景致,也可以是大漠落日、森林湖泊等自然景观;既可以是长城故宫、都江堰等雄伟建筑,也可以是村间小屋、田间池塘之类的朴素小景。总的来说,直接接触的景物素材具有感官多元化、信息印记强、视角个性化等特点。

间接接触的景物,大多是各类媒体传播的景物形象,包括传统的影视杂志、报纸、书籍、张贴画、广告牌等。网络媒体兴起后,海量的音视频内容为我们无限拓展了景物素材接触的可能,百度等功能强大的搜索引擎让信息搜索的指向性更加明确。但信息单元化、清晰度低、视角不可变、信息完整度差等却是间接接触的景物素材的缺陷。在进行景物形象想象时要注意综合运用这两类景物素材,尤其要做到有机组合:①将直接接触的景物素材信息的多元化、全方位感官信息合理叠加到间接接触的景物信息上,使之丰满,鲜活;②使用间接接触信息的丰富性来有效补充直接接触信息的局限和不足;③在同类别景物素材中,运用间接接触和直接接触信息的契合点,将二者结合成完整、丰满、立体的图景。

文学家在自己的作品中,对景物的虚构能力很强,充分体现了空间感和镜头感:首善之区的西城的一条马路上,这时候什么扰攘也没有。火焰焰的太阳虽然还未直照,但路上的沙土仿佛已是闪烁得生光;酷热满和在空气里面,到处发挥着盛夏的威力。许多狗都拖出舌头来。连树上的乌老鸦也张着嘴喘气(鲁迅《示众》)。

西方红灼灼的光闪烁着,海水染成紫色,太阳足有一个脸盆大,起初盖着黄红色的云,有时露出两道红来。仿佛火神怒目睁两眼,向人间狠视般,但没有几分钟那道红线化为一道,那彩霞如彗星般散在西北角上,那火盆般的太阳已经到了水平线上,一霎眼那太阳已如狮子滚绣球般,打个转身沉向海底去了(庐隐《海滨故人》)。

进门是个小院,妇人住的是塌剩下的两间厢房。院子一大部分是瓦砾。在她的门前种着一棚黄瓜,几行玉米。窗下还有十几棵晚香玉。几根朽坏的梁木横在瓜棚底下,大概是她家最高贵的坐处(许地山《春桃》)。

(2)景物想象的训练

景物想象的训练,是对我们的空间观察能力、空间逻辑感受、镜头化思维、场控能力等的综合训练。

第一,景物想象不是单纯的景物组合,而是沿着时间坐标,结合环境因素的多元感官信息想象的组合练习。

第二，景物想象不能缺少"情感"的带入，正所谓"触景生情"。景物的想象需要"情景交融"的表达，将所想象、描述的景物赋予个人的情感、思考。

第三，景物类素材的加工、组合、表达，要注意空间次序，如高低、远近、内外、上下等的关系。当我们为听众呈现一幕或几幕场景时，空间次序的清晰保证了听众认知过程的准确性。方位、空间的限定词使用的多少取舍，是景物想象思维练习的重点之一。同时，对所表达景物的合理布局也很重要，孰先孰后、详略安排是有规律的。有声语言传播的"稍纵即逝"特性，让听众没有机会重复回味或分析文本。表达者在进行表述时，"受众感""对象感"的建立要素之一，便是关注和尊重听众的感受，使其听上去顺畅且清晰。

第四，景物的想象过程，要体现出表达者寓于其中的目的。完整的景物想象表达，是围绕一定的表达目的展开的，要体现出一定的整体性，设计感和主题性。

（三）物体、物件的想象和表达

物体、物件的想象练习要注意使用多种重组方式，同时也要注重物品细节的浮现、重组和表达；物体、物件的想象练习也是对词语丰富度和准确度的训练，对细节的关注，如颜色、形状，质感等的表述，是对我们内部语言词汇是否丰富和清晰的考验。

物体、物件的想象素材种类繁多，此时要梳理自我的记忆系统，调出尽可能多的形象信息，结合理性知识来展开联想。

物体、物件的想象可以从多方面切入，比如以下几点。

1.外形、外貌上的重组

现实生活中的小物件有：青蛙外形的闹钟、娃娃外形的手机壳、酒盅样子的花盆、烟盒外形的口香糖、圆珠笔外形的打火机；大物件有：鳄鱼外形的轿车、水蜜桃样子的沙发、轮船外形的酒店、贝壳外形的剧院……这些都是设计者"奇思妙想"后的成果。将不同的外形加以组合，可以诞生出新的外形的物品。

在外形重组的想象思维练习中，我们要大胆突破已有的思维框架和思维束缚，进行东西南北、古今中外、上下横纵等广泛联系、构想，借此来活跃、丰富我们的形象想象思维活动。

2.属性和功能上的重组

属性是事物本身所固有的性质,是物质必然的、基本的、不可分离的特性,又是事物某个方面质的表现。一定质的事物常表现出多种属性,属性也有"本质属性"和"非本质属性"之分。通俗地说,"属性"是我们对事物内在特点、性质等的抽象把握、概括性描述,是我们认识事物和分辨事物的依据。例如,"苹果是一种不寒不燥且富含多种营养的水果"。这个判断表述,揭示了苹果的种类——水果,中药药性分类——性平,食用价值和营养价值高等内在性质。一般限定词越多的属性判断表述,越能准确界定一个事物。人类的认知水平越发展,对一个事物的属性认知就越丰富。

功能是一个事物的功用和能效,多指为人所用的有用性。功能取决于事物的属性和外部形式,属性是功能最基础最稳定的决定因素。例如,优质铝材具有强度高、韧性大、耐侵蚀、耐高温、质量轻等属性,因此其被广泛用于航空领域;法国梧桐具有树冠宽阔、叶片宽大、耐寒耐暑、抗空气污染强、吸附有毒有害气体、生长迅速、耐修剪等诸多属性,因此被我国各大城市用于街道绿化;电动自行车具有省力节能、成本低廉、便携性较强和非机动车等属性,因此被广泛用于上班族代步和中老年人出行等。属性功能的重组、叠合、创新,往往成为科技创新、技术进步的动力。例如,玻璃在我们的认知中具有透光度高、绝缘性好、耐高温、耐腐蚀、硬度高、弹性差且易碎等重要属性,因而广泛用于日用器皿、建筑装饰、家具器具等。凡是需要柔韧度、形变等属性的领域,玻璃都"望而却步",但"柔性玻璃"的问世,改变了这一现状。"柔性玻璃"结合了塑料的弹性、柔性,又有着玻璃的高透光度、高硬度,"柔性玻璃"则是属性重组的产物。

属性的重组想象训练有助于我们养成深入了解事物的习惯,也能锻炼我们的逻辑思维能力。训练时,可从简单的、常见的事物开始,逐步提升难度。

3.时空上的重组

物体、物件总是存在于一定的时空之下,并跟周围产生种种联系。其外形、色泽、结构等与当时当地的大众审美心理、生活方式、自然社会环境等相适应,其材质、功能等和当时的科学技术、社会生产力水平等相符合。当一个物体跨越空间、穿越时间时,许多不可思议的现象就会发生。例如,汽车是现代工业文明的成果,其运行也是在现代社会之中,需要与之匹配的社会环境和认知心理。一旦汽车运行的时空离开现代社会,其表现形态,人们对其的认知和理解也会发生改变。当一辆汽车来到还是封建制农业文明社会时,境遇会怎样呢?

物体、物件的跨时空组合,不仅要对物品本身由外到内、由表及里的信息有所掌握,还要对所处的当下时空和所跨越的时空有所把握,才能将物体、物件与新的时空的诸多方面建立起合情合理的联系。物体、物件的跨时空重组提醒我们在想象时要注意系统性思维,注重想象的立体性和事物之间的关联性。

(四)动物形象想象

在中国古代小说中,有很多描写动物的杰作,体现出作者对动物形象、动态等的丰富且逼真的想象能力,例如吴承恩在《西游记》中,对猴群的各种玩态就有一番简洁、生动的描述,好似镜头快速切换:一朝天气炎热,与猴群避暑,都在松阴之下玩耍。你看他一个个跳树攀枝,采花觅果;抛弹子,邱么儿;跑沙窝,砌宝塔;赶蜻蜓,扑八蜡;参老天,拜菩萨,扯葛藤,编草帓;捉虱子,咬又掐;理毛衣,剔指甲;挨的挨,擦的擦;推的推,压的压;扯的扯,拉的拉。青松林下任他顽,绿水涧边随洗濯。

如果说吴承恩是对现存已有的动物形象做想象描述的话,施耐庵则是充分发挥了自己的想象,将现实中几乎不可能发生的"人打虎"描述得活灵活现:说时迟,那时快,武松见大虫扑来,只一闪,闪在大虫背后。那大虫背后看人最难,便把前爪搭在地下,把腰胯一掀,掀将起来。武松只一闪,闪在一边。大虫见掀他不着,吼一声,却似半天里起个霹雳,震得那山冈也动;把这铁棒也似的虎尾倒竖起来,只一剪,武松却又闪在一边。原来那大虫拿人,只是一扑,一掀,一剪,三般捉不着时,气性先自没了一半。那大虫又剪不着,再吼了一声,一兜兜将回来。武松见那大虫复翻身回来,双手抡起哨棒,尽平生气力,只一棒,从半空劈将下来。只听得一声响,簌簌地将那树连枝带叶劈脸打将下来。定睛看时,一棒劈不着大虫。原来打急了,正打在枯树上,把那条哨棒折做两截,只拿得一半在手里。那大虫咆哮,性发起来,翻身又只一扑,扑将来。

对施耐庵的这种想象和创作,后世有两种说法:一种是施耐庵几经周折,写不好"武松打虎"片段,一日他听到门外狗狂吠不止,出门一看原来是一个醉汉正和一条恶犬搏斗。那醉汉一把揪住恶犬的脖子,用拳头朝着狗头捶打了十几下,恶犬毙命。而后施耐庵又搬了一条长凳子放在堂屋当中,一只手按住长凳,想象按凳状态和内心感受,之后完成了这段精彩的"打虎"。

另外一种是:施耐庵为了写虎经常到猎户家中去,与有打虎经验的猎户交朋友,猎户把猎取的野兽及兽皮、兽骨给他看。施耐庵边看边问,从中了解到许多关于老虎的习性、动作、神态,以及猎户和老虎搏斗的详细情况;他还跟着猎户到深山老林里去打猎,观察老虎发狂、挣扎的场面,之后根据丰富的观察资料写下了精彩的打虎场景。

不管是说法一还是说法二,都体现出了施耐庵观察—记忆—重组—创新的积极想象过程。不论是恶犬和醉汉的搏斗还是山中老虎的实景,都是想象的现实材料。只有经过有意识的、多次的观察,才能在大脑中留存下"形象"。动物的想象思维和表达主要需注意以下几点:①想象是建立在动物自身形象基础上的,必须符合动物的普遍规律,非拟人更非神话故事;②想象的基础,仍旧是生活的积累和记忆的调取;③善于在个性中找到共性,描绘出这一类动物最大的特点,同时也要善于在共性中凸显个性,注意留心动物的特点、细节和独特个性;④注意求新求变,不落窠臼,要将大家熟知的动物形象巧妙组合出新意。

(五)社会事件、现象想象

"社"字最早是指"土地之神"。在古代,将"土地神"和祭祀土地神的地方、日子、祭礼都称为"社"。社既是祭祀的地方也是公众聚会的场所。会即"汇",意为聚集、汇聚。"社会"一词,通俗地说,就是人群聚集而成的整体。更科学的界定则是由有一定联系、相互依存的人们组成的超乎个人的、有机的整体。

社会有大小之分,一个家属院,甚至一个班级,就是一个"小社会",一个国家则是一个"大社会"。社会也有时间坐标上的划分,从最早的原始社会、后来的奴隶社会到今天的资本主义社会、社会主义社会。社会是人类活动、关系的综合,也是人类和自然的分界点。

社会生活包罗万象。我们此处提到的社会事件、现象想象,主要是在人的社会交往过程中,人与人之间的互动中产生的事件、形成的现象的想象和表达。同时,此处的社会事件、现象,并非指个人之间、微观领域里的人际交往事件或现象,而是在一定空间和规模条件下的、具有典型意义的事件、代表性现象。大众传媒的重要功能之一是"环境监测"功能,是对社会各个方面的守望和报道,实质就是对社会中带有典型性、代表性、普遍性事件现象的报道。主持人作为大众传媒的一员,必须具备社会意识——对社会生活的关注与思考,对社会种种热点和焦点的关注和思考。

想象的过程其实也是认知的过程。前面提到过,想象的基础是已有的认知素材。我们对社会的经济现象、文化现象、政治现象、环境现象、教育现象、科技现象、军事现象等想象的前提是了解。我们在进行想象时,需要对这些现象的相关内容有所了解和把握,使之成为我们想象的素材、依据,同时又要发现其中的规律性、法则性的内容,使得想象能够出乎意料却又在情理之中。

社会事件、现象的想象和表达,既可以是一件具体的事件,有人物、情节、场景、结局,也可以是一种现象,虽没有具体的人物事件和详细的经过,但是有想象性的情况概括、个别代表性场景的描述等,还可以是事件和现象的结合——典型事件和普遍现象的结合。

1.当今社会

对于当下社会事件、现象的想象,重点是对热点、焦点、争议点的想象。这样的练习一方面可以促进自己对相关现象事件的认知,另一方面也可以促发思考和分析。想象思维的背后,其实潜藏着观点、主张和立场,在描述新的情节、关系、趋势和人物时,反映了一个人的价值观、世界观等隐性信息。因而,我们对当今社会的事件、现象的想象和表达也反映了我们对当今社会的认知和理解。

学生表达例稿——中国式过马路的完结:"凑够一群人就可以走了,与红绿灯无关。"这句话大家应该再熟悉不过了。有人认为这种集体违规有法不责众的心理根源,也有人认为这是国人向来法制观念不强的表现。我倒认为这是管理力度和违法代价的问题。由于管理上偏于松散,行人闯红灯违法后没有付出什么代价,所以才屡禁不止。有人说那么多行人闯红灯酿成交通事故,造成伤亡的例子难道不是代价吗?可相比之下毕竟是少数,不足以引起大家的重视。难道这种行人集体闯红灯的行为就不可能杜绝了吗?不,现在我们可以说这个问题马上就要解决,国家交通管理部门已经在全国试点,一线、二线和三线城市都有试点,效果非常好。

这是一套集管理和处罚于一体的行人交通管理系统。在每一个有红绿灯的路口，交通运输部门都架设了行人交通行为管理系统，这一系统由警告声光装置、隐形的喷头、精确识别定位装置和喷洒剂罐等组成。喷头被设置在十字路口两侧、斑马线、斑马线外围等多个行人可能行经的区域，从地面、空中等立体式铺设。喷洒剂喷溅到衣服上时，是一种无色无味、无害无刺激的化学试剂，但暴露在空气中约5分钟后，就会显现出颜色。当十字路口的红灯亮起后，这套系统便启动，如果有行人闯红灯，精确识别定位装置就被触发，此时至少会有一个喷头悄悄瞄准闯红灯的行人。与此同时，警告声光装置也会被触发，在十字路两边亮起警示灯并且发出"您已闯红灯，请退回"的语音警告。五秒钟内行人如果退回人行道，喷洒装置则不会启动。如果此时行人还要硬闯，喷头则会喷出化学试剂。五分钟后，行人的衣服上则会出现特征鲜明的"闯红灯标记"。这种颜色标记在八个小时后便自行消退，对衣服和人没有任何危害。当地的交通运输部门做了相应的规定，凡是衣服上有如此标记的行人，交警可以按照规定进行经济处罚，不接受处罚者，可以拘留24小时。除此之外，公交车、地铁、的士等公共交通车辆对有如此标记的人员必须拒载，否则会面临严厉处罚。

这样一来，行人闯一次红灯就将自己困在大街上，基本只能步行回家，而且还会面临经济处罚。

这种事先预警、事后处罚且违法必究的管理和处罚措施在试点城市施行后很有效果，施行的前三个月通过各种媒体和户外宣传让大众对其有所了解并逐步熟悉。大家纷纷表示，在如此疏而不漏的管理和严格处罚下，自己肯定会严格遵守，因为为了抢那数秒钟而付出那么大代价实在不值得。

2.未来景象

对未来社会景象、事件的想象一直是科幻类小说、影视作品的主要内容和重要题材。面对未来的种种可能性，我们可以想象的素材、角度、范围是很广泛的，从日常生活、学习、工作和娱乐的场景、事件的想象，到对科学技术的进步发展、人类生产方式的变革、全球经济交往的新状态，世界军事力量的改变等宏观现象的畅想，都能够启发我们关注事物发展和变化的内在规律，整合我们对社会发展的认知。

学生练习例稿——网络生存：生活在网络时代的我们，购物、学习、社交、娱乐等都和互联网密不可分。大家知道吗？多年以后我们的网络生活将是另一番景象：互联网"亿兆电频网"的全覆盖，让我们随时随地可以上网，而网络终端不再是手机、笔记本，而是被镶嵌在家具、内墙、公交、办公室等各种方便触及的平面上，接入指令就是我们的指纹和基因密码，只要你想上网了，手指点击身边的墙面、公交车上的窗户玻璃、路上的公共平板页面就可以，强大的数据处理交换中心立即识别你的身份，进入你个性化的程序系统。那时候，我们中间的很多人可以减少到单位的次数，文件的处理、会议的组织都可交给互联网，学生和教师在家里就能利用全模拟环境来上课，仿佛就在一个教室。

二、联想思维

（一）联想思维机制

联想机制是人脑的一种神经触发机制。人类的神经元通过突触相互联结，立体地结成纵深交错的神经网，当一种信息通过感官进入人脑后，引起神经元兴奋，通过脑电波传到相应区域进行信息处理。由于神经网络交错，每一次信息刺激，都会触发以往的信息存储记忆，这便是人类的联想机制。联想思维是一种由此及彼、举一反三的思维过程，其核心机制是"触发"——从一个点延伸，推及另外的内容。这种触发既有一对一触发，也有一对多触发，既有单层触发，也有多层连续触发。

联想思维和想象思维有相似、相通的方面，但也有机制和内容的不同。

第一，和主观目的明确的想象或漫无目的的幻想等不同，联想是由外部刺激引发的想象思维活动，有一定的触发依据，信息刺激和被触发信息之间在某一方面或多方面存在一定的对应关系。

第二，狭义的想象思维着重于对"象"——具体事物、感官信息的浮现或重构，而联想的内容不仅包括此类信息，还包括对理性、逻辑性内容的触发，例如因果关系的联想、两个相关概念的联想、两种类似或相对的陈述结构的联想等。例如，从"世界不缺少美，只是缺少发现美的眼睛"联想到"世界不缺少机会，只是缺少善于抓住机会的心智和实力"。

第三，广义的想象包括联想这一思维机制。

联想思维的丰富度、活跃度取决于一个人内在记忆存储量和神经元的活跃度。记忆存储量越大、清晰度越高，被触发的概率就越大。影视剧演员在表演时,需要让台词触发自己内心丰富的形象和各类感官的感性记忆,联想到更多的内容能够帮助自己真实体验人物内心,塑造人物形象的情景和感觉。因而表演专业要求学生在平时多注意积累生活,记忆生活。走上职业岗位的演员在接到演出任务、塑造人物前,要有针对性地"体验生活",其实就是为了专门积累某一方面的感性材料和形象记忆。此外,一个人越是主动联想、打通联想的触发通道,其联想机制也就越容易被触发,越方便运用。神经元同人体其他组织系统一样,遵循"用进废退"的规律,越是积极使用联想这一机制,其神经元的突触就会越发达,发达的突触之间的生物电信号传递就越通畅。这也就解释了为什么处在某专业领域的人在面对与专业相关的信息时,有着比一般人更高的联想触发机能。

(二)联想思维机制类型

联想的触发机制大致分为以下几大类。

1. 相似相仿机制

当外部刺激在形式、内容、材料、性质、结构等方面与主体某些记忆相似或相近时,容易激发联想活动。白居易听闻琵琶女伤情吟唱后,想到自己的相似经历,发出了"同是天涯沦落人"之叹;《白杨礼赞》中,茅盾从白杨树的"朴质、严肃、坚强不屈",联想到了"傲然挺立的守卫他们家乡的哨兵"和"在华北平原纵横决荡用血写出新中国历史的那种精神和意志"。

《庄子·轮扁斫轮》一文就与相似联想有关:桓公读书于堂上,轮扁斫轮于堂下,释椎凿而上。问桓公曰:"敢问公之所读者,何言邪?"公曰:"圣人之言也。"曰:"圣人在乎?"公曰:"已死矣。"曰:"然则君之所读者,古人之糟粕已夫!"桓公曰:"寡人读书,轮人安得议乎!有说则可,无说则死!"轮扁曰:"臣也以臣之事观之,斫轮。徐则甘而不固,疾则苦而不入,不徐不疾,得之于手而应于心。口不能言,有数存焉于其间。臣不能以喻臣之子,臣之子亦不能受之于臣,是以行年七十而老斫轮,古之人与其不可传也死矣,然则君之所读者,古人之糟粕已夫!"

齐国的工匠从自身经验传授、手艺传承的经历和感悟,联想到古时圣人作文传世时,想必也是"口不能言,有数存焉于其间",解释得合情合理,最终获得了齐桓公的认可,免于罪责。

相似相仿联想是一种思维方式,一种心理机制,是比较基础性的人类心理特点,由此衍生出许多专门学科的具体现象。例如修辞学中各种形式的比喻、明喻、借喻、隐喻等,其心理基础就是一种相似相仿联想。看到青年人朝气蓬勃,想到朝阳,因为同样的光芒四射、活力无限;看到蜡烛燃烧自己,照亮别人,想到教师,因为同样的默默发光、奉献自己;我们称见多识广、知识渊博的人为"百度"(隐喻)。因为不懂的都可以问他。除此之外,语言学中的近义词、艺术表现中的象征等也都以相似相仿联想为心理基础。

2. 相关相连机制

这种机制中,联想物和触发物之间存在着性质、功能、种属等方面一种或多种的关联。例如看到手机,就想到微信、网购和阅读;听到汽车急促鸣笛,就联想到交通堵塞或突发情况;闻到花香,就想到蝴蝶、春水和风筝;看到一部曾经看过的电影,就想起了陪自己看这部电影的同学等。相关相连机制的联想是综合性的联想机制,这种激发是有多种综合因素的,不是单一的,但这种联想机制支撑起了我们丰富的思维、语言活动,是发散思维重要的心理基础之一。

更进一步的理解,一切联想都可以看成广义上的"相关相连"——相似、对比、因果、相近等等。此处的"相关相连"是除去了相似、对比、因果、相近等典型的关联、关系之外的相关性关系,很多潜在的、灵感性的、跳跃式的联系性都可以归入相关相连的联想机制。另外,一些个性化的、非普遍意义上的相关性也属这个范畴。例如历史上著名的牛顿和苹果的故事中,落下的苹果让牛顿联想到了力学原理,进而创立了"万有引力"学说。这是一个极其个性化的联想触发,联想主体特殊的阅历经验、知识背景、工种职业等是联想触发的关键。

凤凰卫视的《锵锵三人行》是一档比较有代表性的谈话节目,其开放的话题空间、自由的语言方式和略带论辩性的交流模式等,让节目带有极强的真实感、在场感。在这档节目中,三位参与者的内部思维活动都非常活跃,其联想性体现得淋漓尽致。换言之,如果这档节目失去了思维的联想、进发、延展、关联和突破,节目的特色、亮点也就没有了。例如在2015年3月26日这期节目中,话题沿着这样的路径延展开来:热映电影《灰姑娘》→女权主义者对电影的"过分解读"→"灰姑娘"这类故事在全球范围的普遍存在→日本的"另类文学流派"→"弱势群体梦"文学中的"假恶丑"现象——人性的两面,嘉宾王蒙正在关注的内地中文、英文水平的差距现象——对母语学习和外语学习之间关系的理解。

3.对比机制

对比性的联想是一类较为特别的联想,外部刺激和被激发物之间存在着性质、形式、内容、过程等方面的相对、相反关系,激发人的联想。这一类联想往往产生别致抑或富有文艺色彩的结果。创办于1995年1月的《中国青年报》"冰点特稿"栏目(《冰点周刊》前身),便是运用这种对比联想机制娴熟的典型例子,避开明星、精英、事件等新闻热点,进入相反的方面:平民视角下的世间百态,挖掘平凡生活中的不平凡之事。对比联想能使我们的语言增添趣味、拥有张力、富于变化、体现睿智。例如,张大千在抗日战争胜利后的一次送别宴会上与京剧艺术家梅兰芳相遇,张大千向梅兰芳举杯敬酒说:"梅先生,你是君子,我是小人,我先敬你一杯。"一句话让大家疑惑不已。张大千忙笑着解释:"你是君子,唱戏动口;我是小人,画画动手。"张大千从自己和梅兰芳擅长的艺术形式,联想到俗语中的对应现象,信手拈来、妙语生花。

还有一个例子。孙中山从日本留学回国后,一次路过武昌总督府,想会见两广总督张之洞,便写了一张便条,让守门人传了进去。张之洞见条子上写的是:"学者孙中山求见张之洞兄",便问:"什么人?"当差的答道:"一个书生。"张之洞不大高兴,提笔在便条上写:"持三字帖,见一品官,白衣尚敢称兄弟?"守门人把条子交给孙中山。孙中山一看,也在便条上写:"行千里路,读万卷书,布衣也可傲王侯。"守门人又把条子传了进去,张之洞一看,"啊"了一声,连忙说:"请!"

对比联想与前两种联想不同,其在一定层面上潜藏着对事物、问题的深入认知和理性思考,它借助发现事物的本质,洞察问题的多面性,进而联想到其相对、相反的方面。

4.因果缘由机制

因果关系是人的经验世界和逻辑世界中十分重要的一种事物关系,因果关系也是一种多元的、综合的、复杂的关系。在很多深入地研究和讨论中,研究者发现,因果关系其实并非单一的一因一果,大多数情况下是一因多果和多因一果的。具有生活经验的人更容易感受到生活中事物的因果联系、继起关系,看到乌云就会想到暴雨;看到一个人鬼鬼祟祟就会联想到偷窃;感觉到空调温度太低就会联想到感冒等。各行业专业人员因为其接受的专业学习和训练,对某些外行发现不了的内在联系会有更准确、更深入的认识,使得其在某些方面的联想触发更为灵敏、内容更为丰富。例如,中医大夫看到一个人脸色黑青、眼睛浑浊,会联想到肝肾功能不佳;一个从事刑侦工作的警察听到一个人语言逻辑有明显问题,会联想到通缉犯、犯罪嫌疑犯;一个专业驯兽师看到老虎的步态、听到其呼吸,会想到之后的训练状态;经验丰富的司机看到前车的行进状态,能联想到超车时可能出现的状况等。

很大一部分的因果联想更倾向于逻辑思维层面的联想活动,这源于对事物内部联系的认识和经验积累。

5. 接近贴近机制

接近贴近机制是指触发物在某一个或多个层面上与联想物存在接近、贴近关系。空间、时间、人物关系等接近时,容易触发人的联想思维。例如,在商场里看到一款熟悉的台灯,会想到写字台上摆放的其他物品;听到一首儿歌,会联想起儿时的生活;一个仿古的首饰盒让人联想起古装、文言文和古曲等。

《再别康桥》中,作者从河畔的柳树联想到河水、河中的水草,接着想到河边树荫、彩虹,再接着联想到撑船……这一串在空间上接近的景物不断地激起作者的回忆,形成"移步换景"的美感和视像层出不穷的饱满感,让最终情感的抒发有一种"温柔"喷涌的魅力。主持人张越在做客《非常静距离》时,谈到自己1997年辞职之后的两年事业空档期,常与朋友聊天,经常会有将聊天内容录制下来做成访谈节目的想法。正是因为平常与朋友的聊天内容和聊天形式与张越曾经做过的访谈节目相近,才触发了这样的联想,才有了后来其重返《半边天》节目,主持深度人物访谈节目《半边天·张越访谈》。

接近性联想常常体现为一种系统性思维过程:关系的接近让我们往往将处于一定圈层中的事物作为一个系统看待,在联想过程中形成"多层多点触发",联想到整个系统的诸多元素。例如,谈到家乡的某道菜肴,我们就会联想到家乡的饮食习惯、佐料、烹饪方法、口味习惯,又发散到气候、地域、经济特点对饮食文化的影响,进而发散到饮食文化和人文气质、地域文化的多种关系等,这样的内容放在饮食类节目、旅游类节目中都是很好的话题流动结构。

上述五种联想机制在实践中是灵活使用的,常常交织混合,别出新意。下面是一则学生课堂的练习:人类的发明总是和我们的好恶分不开。我们喜欢光明,电灯诞生了;我们拒绝油烟,发明了油烟机;我们渴望舒适,太师椅被沙发取代;我们厌恶灰尘,于是制造了吸尘器。吸尘器利用内置的风扇将带有灰尘的空气吸进去,过滤网将灰尘留在吸尘器内部,将干净的空气排出。这样的原理在生活中非常普遍,从净水处理机器,到豆浆机滤网——过滤,是一个筛选的过程,一个有所抛弃有所保留的过程。目的是让我们的所得更加干净、纯粹。在我们今天的生活中,信息大潮铺天盖地,我们缺少的,正是一台信息吸尘器,将那些不利于身心的信息灰尘挡在耳目之外,留下营养充足、利于学习工作的信息资讯。当然了,信息中的灰尘是百害无一利的。但实际生活中的灰尘却不尽是害处。试想如果有一台超级大的吸尘器将地球上空气中的灰尘都过滤了,我们就再也听不到那句"落霞与孤鹜齐飞"的美文,欣赏不到五彩祥云、七彩虹桥。不仅如此,空气中没有了灰尘,人类和其他一切动植物都会暴露在强烈的紫外线照射中,湖泊河流中蒸发的水分将不再化为雨雪冰霜。生命也将枯竭。所以,不要小看一台吸尘器,其中蕴藏着如此多的道理。保持积极的思考,我们就能从平常中发现惊喜。

第二节 想象和联想思维练习

一、人和物的想象与表达

总体要求如下。

第一,总体长度在3分钟左右,整体结构相对完整,中心较为明确。

第二,人物形象饱满、生动,物件形象整体和局部结合,细节清晰。

第三,人和物的想象需要必要的情节发展来推动,情节想象时注重逻辑关系合理、层次清晰。

(一)人物想象

笔者在这里举几个例子:①办公室好人;②天才游医;③神秘的来客;④全能快递员;⑤网吧老板;⑥烦心的邻居;⑦温暖的警察;⑧远方的亲

人;⑨新生代民工;⑩迷人的新疆姑娘;⑪……

(二)人和物综合想象

举例如下:①校长的钢笔;②班主任的皮鞋;③书摊主和他的轮椅;④一位交警和他的黄手帕;⑤交通协管员手里的小红旗;⑥爷爷的茶壶;⑦手机和他的聋哑主人;⑧富商的随身本;⑨一副眼镜和他主人的三十年相伴;⑩惯偷和他的假面;⑪……

二、景物、动物的综合想象

景物、动物的综合想象练习,重点注意三个方面。

第一,景别和视角的变化,突出动态和观察角度的变换。

第二,景物、动物的和谐、相映、相互烘托和体现。

第三,通过动物外在形象,刻画内在的性情,立体化塑造动物形象;在拟人化的动物想象中寻找人性和动物性、形的契合点。

三、社会事件、现象的想象

社会事件、现象的想象需把握以下重点。

第一,和之前的想象练习不同,社会事件、现象的想象需要有"叙事"的能力和技巧,要注重对事件情节、人物关系和各种情景的表述、整体性展现。

第二,事件的完整性、矛盾冲突的设置、现象的细节等,是这一组练习的难点,练习时尤其要注意,让故事生动,有吸引力。

四、实物联想表达练习

从至少两个角度和两层出发,对常见事物进行联想和表达。

五、音响音乐联想

听觉是信息源重要的一部分,音响音乐的联想发散,训练我们打通听觉和其他感官的联结,训练听觉感知的灵敏度。训练时注意结合形象思维中听觉部分的练习。音乐的联想、发散和表达练习,不需要拘泥于某些音乐本身的主题。尽可能有独到的联想和发散思维表达,突出新意、个性和创造性。此处教师可以根据需要使用教材所提供的音乐音响,也可以自备相关音乐音响。

六、抽象概念和表述联想表达练习

抽象的概念往往会激发我们形象的联想,此处要求我们根据概念进行联想发散,展现出动静结合、形象丰富的图景。

(一)抽象概念类

一般来说,形容词、副词是对一类状态的高度概括,相对于名词、动词来说比较抽象。下列形容词、副词和部分名词是我们经常使用的,没有具体的形象感,也没有特定对应的实际状况,是一种高度概括和抽象的表述。请根据这些概念做联想—发散练习,做一段2分钟以内的即兴表述:虔诚、和善、机警、苍老、勤奋、忠厚、缘分、飘逸、土气、坚韧、胆怯、气度、潜能、奢侈、高贵、随性、幸福人生、友谊无价、飞扬跋扈、惴惴不安、冷冷清清、活力四射、相逢何必曾相识。[1]

(二)俗语谚语类

谦受益,满招损。

祸兮福之所倚,福兮祸之所伏。

人无远虑,必有近忧。

富贵不能淫,贫贱不能移,威武不能屈。

生于忧患,死于安乐。

吃一堑,长一智。

你和时间开玩笑,它却对你很认真。

知识不是自然的恩赐,而是经验的硕果。

智者通权达变,愚者刚愎自用。

好处着手,坏处着想。

师傅领进门,修行在个人。

朋友千个不多,冤家半个不可。

七、综合命题表达

举例如下:①一种语言的社会;②与海鸥的约会;③他们住在海底;④城市停电的一周;⑤人类进化出的翅膀;⑥对话麻雀;⑦城际超高速公交网;⑧人体嵌入式手机的隐患;⑨一堂课的游戏;⑩山村一晚;⑪……

---

[1] 周瀚石. 浅谈播音主持职业素养及养成[J]. 新闻研究导刊,2020,11(15):77-78.

第五章 播音主持发散思维

第一节 发散思维概述

发散思维训练是培养主持人思维开放、敏捷、灵动的重要方法之一。发散思维的扩张与突破,能将多种学科、多种知识于碰撞中顿悟,于汇总中吸纳。主持人只有以深厚的文化积淀、对人生的深刻感悟,还有开阔发散的思维和灵活多变的头脑等综合因素作支撑,才能成功地驾驭节目。

一、发散思维简介

发散思维又称扩散思维、求异思维、辐射思维,它是思维主体针对某一思维对象,思维主体充分发挥自己的想象力,从一个目标或思维起点出发,突破原有的知识圈,重组眼前的信息和记忆系统中的信息,从不同的角度、不同的方向和不同的关系去思考问题,提出各种设想,寻找各种途径,多方面、多层次地寻求解决问题的答案和方法。美国心理学家J.P.吉尔福特认为:"发散思维是从给定的信息中产生,其着重点是从同一的来源中产生各种各样的为数众多的输出,很可能会发生转换作用。"

有人这样说:"创造能力=知识×发散思维能力。"发散思维可以使人思路活跃、思维敏捷、办法多而新颖,能提出大量可供选择的方案、办法和建议,特别能提出一些别出心裁、完全出乎意料的新鲜见解,使问题奇迹般地得到解决。

发散思维有以下三个主要特征。

(一)流畅性

流畅性是发散思维"量"的指标,指对"刺激"能很流畅地做出反应的能力。就某一个问题,要求你做出足够多的概念和构想,数量越多越好。这个量的多少是以知识的积累为基础的。知识越丰富,观察、分析、归纳、联想、类比的领域也就越宽广,新思想、新概念、新方法和新结论产生的机会也就越多。

(二)变通性

变通性是发散思维"质"的指标,指思维发散的灵活性,能随机应变的能力。要求你能够从一个领域跳跃到另一个领域去思考。例如,从社会的领域跳跃到自然的领域;从历史的领域跳跃到未来的领域。不同类别属性越多,跨度越大越好。

(三)独创性

独创性是发散思维的本质,它反映思维发散的新奇部分,指对"刺激"能做出不同寻常的反应。能想出别人没有想象到的问题。

思维的发散性其实质是迁移,迁移是指整个思维起点、思维指向、思维标准、思维结果之间的跨越流动、变化,善于变通,善于创新。这其中也涵盖:①逆向思维,实际上是一种注意力的迁移,或者说就是"换个角度想一想",很多情况下,一种思路无法解决的问题,用另一种相反的思路却能迎刃而解。②侧向思维(旁通思维),从与自己的研究领域无关的事物中得到启示,从而解决问题的思维方式。尽管如此,却是建立在对某件事物长期思考、孜孜以求的基础之上。③立体思维,指思考问题跳出点、线、面的限制,有意识地"立"起来思考,等等。

二、主持人的发散思维品质

发散思维也是主持人创造性地策划、统筹、驾驭节目进程的思维基础,对于主持人不断提高思维品质、挖潜创新,从而增强专业能力,提升实践水平有着重要的意义,主持人应注重培养和锤炼自己的发散思维品质。

第一,"多端"。发散思维体现了主持人思维的开放性;对一个问题,可以多开端,产生很多联想,让思路展开,能比较全面地、发展地、辩证地认识事物,并寻求多种多样的方法和结论。美国《60分钟》节目主持人华莱士仅一个小时的采访,竟设计了100多个问题做支撑。发散思维是事物普遍联系在头脑中的反映,它反对那种刻板、封闭、片面和平面的线性思维方式,强调思维在空间上向四面八方伸展和突破;在时间上,纵向考察事物的过去、现在和将来。主张在无拘无束的思考中求实创新。发散思维反对一条道走到黑,要求不拘泥于一个方向、一条思路、一个框架,仿佛有众多的"触角",使思维点、线、面纵横交错,呈多维扩散,构成丰富生动的"意识之网"。既然事物是普遍联系的,我们在节目主持实践中就应该从多方面来了解事物,要尽力超出现有思维框架的限制,向四面八方发散出去,从而找到解决问题的更多更好的办法。[①]

比如,一位节目主持人在主持一档科技节目谈到"水"时说到:水,无处不在,沟渠、江河、海洋,乃至云雾、虹霓、雨雪、冰霜都是水;水,形态不定,或潺潺淙淙,或滚滚滔滔,或浩浩荡荡;水极其平凡,但又十分宝贵——动植物缺了它,生命就无法延续;工业农业少了它,生产就只有停顿;水比棉柔软,比钢坚硬——坚持不懈,滴水可以穿石;团结一致,涓滴可以成海。

水是人们司空见惯的客观事物,节目主持人从中引出了那么多的话来。他从水的处所、形态、作用、质地和精神多方位进行思考,不拘泥于任何一点,因此才有那么多的内容可说。即便从水的"处所"思考,也从地上和空中两个层面出发;思考"形态",不只是"静",而且有"动";思考"作用",从表面的"平凡"到实质的"宝贵";思考"质地",看到它的"柔软",也看到它的"坚硬",看到它的"个别"力量和"精神",又看到它的"集体"力量,主持人用发散性的思维、灵活的语言为受众营造了一个富有深刻内涵和哲理的意境,给人启迪,令人深思。

第二,"灵活"。发散思维体现了主持人思维的灵敏性;思维的"灵活"强调多解和求异,这就要求主持人能从思维的某一方向跳到第二、第三、第四个方面……不断变通。当一个方面、一种方法不能解决问题时,它会向另一方面、另一方法跨越,力求从多样性的统一中把握事物发展及其规律。"举一反三""触类旁通"是主持人思维高水平的"发散",而这种能力正是来自主持人灵活、快速、高效地对于思维材料和知识的迁移。

从普通记者做到名主持,杨澜最深的体会是:"人的思维都是有惰性的,观众总是希望别人强化他(她)原来既有的思维方式和观点,但主持人最需要做的就是消除观众的惰性,让他们的思维活跃起来。"杨澜当年去考《正大综艺》的主持人,考官问她:"你敢不敢穿三点式?"杨澜没有正面回答问题,而是以发散思维的方式回答了这个问题。她说:"这不是个敢不敢的问题,而是一个得不得体的问题。如果在美国西海岸的浴场上,穿

[①] 楚喆. 自媒体传播时代下的播音主持人才培养研究[J]. 传媒论坛,2021,4(03):81-82.

三点式是很自然的事;如果在一个民风淳朴的山村大街上,穿三点式是对那里人的感情的一种亵渎;如果在浴池里,穿三点式纯属多余。"杨澜的回答赢得了考官的赞赏,她在众多考生中脱颖而出,被录取了。

第三,"精细"。发散思维体现了主持人思维的系统性;主持人在驾驭节目进程中要全面细致地考虑问题。不仅要考虑问题的全体,而且要考虑问题的细节。

当香港凤凰卫视主持人吴小莉谈到她在朱镕基总理的记者招待会上成功的提问时,说"……我很好奇,我就想提这些问题,我相信我的观众也好奇。达官贵人是人,我们也是人,我真的想知道,铁汉的背后有没有柔情。我一口气提了三个问题,第一个是经济问题,第二个是外界对他的评价他怎么看,第三个是他的心路历程……三个问题她都回答了,答得非常好……"由于主持人全面多维地思考问题,精心细致地筹划提问,才有了后来被广为称颂的提问和朱总理的感人回答。

第四,"新颖"。发散思维体现了主持人思维的独创性。由于这种思维不墨守成规,不囿于传统方法,具有求异与创新的功能,因此进行发散思维的训练,能够培养的主持人的思维灵活性和创新精神。主持人参与策划、构思节目,切入角度等应尽可能不拘泥,不守旧,方案力求有个体差异,各不相同,新颖不俗,打破框框,敢于创新。思维具有了新颖度之后,在将其转换成话语表现时,再注意运用口语修辞手段的修饰,便能充分彰显个性化特色和风格。

比如,北京电视台《7日7频道》主持人元元在一期题为"工行'节'后忙"的节目中巧妙地由"马"字申发开来,切中要点,妙趣横生:各位好!过年的时候,见面都说吉利话,全都带个"马"字,今天要说的这件事正好全能用上。

首先是"马到成功",春节假期还没完,就从美国盐湖城传来喜讯,速滑运动员杨扬为中国队赢得了冬奥会上的第一块金牌,实现了我们在冬奥会上零的突破。其次,就是"一马当先",在上周日北京举行的国际公路接力赛上,中国队获得女子组冠军。夺冠选手大多是马俊仁率领的马家军,教练是老将出马,队员自然快马加鞭。马年刚到,体育界就有接二连三的好成绩,中国体育今年热度依然不会减。

节后还有人马不停蹄,从前说不过十五不出门,而今年民工初四初五就往回赶,北京因为正在筹办2008年的奥运会,自然就少不了招兵买马,外来打工人员恐怕不愁找不到工作。

节后工商银行的门口排起了大队人马,有句话叫歇人不歇马,可工商行过节人马全歇。有人家里没电了要买电,有人兜里没钱了要取钱,都是急事。可从初一到初六,天天在工商行门口撞锁。一直到初七才开门,这一开门可了不得了,屋里屋外全是人。银行的同志说,北京人观念太跟不上趟儿,免费办一张缴费卡,通过电话能交十几种费,自己方便,银行也能放假。我承认我们接受新生事物有点慢,可是用这种狠招恶治,也有点太绝。但愿明年春节的时候,大家都会用卡了。

三、主持人的发散思维培养

节目主持人的思维过程在紧紧围绕主旨议题的基础上,采用交叉多轨的运行模式。主持人将传播目的、节目框架以及有声语言内容进行通盘考虑,在准备阶段就如何拓展议题、深化议题、展现议题进行全面思考。在节目进行过程中,根据最新情况,适时地调整话题方向,这些能动性的反应都是主持人逻辑思维活动的外在表现。多视角地看待问题成为主持人驾驭议题的核心,在筛选、权衡、调整、实施之后,主持人的思维始终在确认与质疑中摇摆,直到最后选择最佳角度。

主持人发散思维的灵活运用和有效开发,注重尝试从不同的角度、方向、方面,能用多种方法、技巧和思路来解决节目中的问题,使结果合理而灵动,是体现主持人鲜明的独创性及风格个性化的重要途径之一。

想象力是发散性思维的重要环节,发散思维从多向、侧向和反向朝着不同方向进行,它蕴含着丰富的想象和联想,它可灵活、迅速地产生多种多样的想法:由点到线、由线到面、由面到体,既思前因,又想后果,这是发散思维多向性的表现。

(一)展开联想,培养发散思维的流畅性

流畅性指发散思维的量,即在较短的时间内产生较多的联想。世界上客观事物总是相互联系的,具有各种不同联系的事物反映在头脑中,可以形成各种不同的联想。

例:请说出报纸的用途,看谁说得多。

答案:(仅供参考)用于打草稿;用于练书法;糊墙壁;卖给废品站换

钱;生煤炉;剪鞋底;折飞机等;擦灰尘;御寒(如乞丐将其作为被子);糊在窗上挡住光线;夏天当扇子扇;擦鼻涕;当吸水纸吸水;做成衣服给洋娃娃穿;折成帽子;粉刷墙壁时可用;野餐时的桌布;作垫纸;发泄时撕扯的对象;包书的书皮纸;引起火灾的因素;卷起来成为吹火筒;卷起来成为扩音喇叭;捏成纸团作为投掷训练的工具;作为路标;用于创作抽象画的材料。

请你说出尽量多的虚假的东西,答案可能会五花八门,有普通的,如假发、假酒、假话;有创造性的如假肢,假新闻等。

这种围绕某个事物横向或纵向的展开联想训练,可有效地提高主持人的思维广度和深度,为创造性思维打好扎实基础。

在主持人的节目构思和策划过程中,同样需要围绕新闻事件,结合背景资料进行多角度深入挖掘,加以补充或深化,使信息提供更充分,内涵揭示更丰富。运用发散思维可以在新闻事件报道的角度、挖掘主题的深度、题目的新颖性和谋篇布局等方面充分发挥创造性思维的优势。

比如,2000年秋,北京在王府井商业街办起了啤酒节,北京电视台《晚间新闻报道》的主持人分别采访了顾客、商家及啤酒节组委会负责人,在一次节目里播发了四条有关报道:《啤酒节——众人捧场》《啤酒节——"祥子"活了》《啤酒节——意犹未尽》《啤酒节——有点遗憾》,既从不同角度报道了啤酒节的热闹情景,也对结束时间过早及游人乱扔垃圾做了客观反映。

(二)克服思维定式,培养发散思维的变通性

变通性是指发散思维的灵活性,即思维能做到触类旁通,举一反三,突破常规。思维定式是人对刺激情境以某种习惯的方式进行反应。思维定式可使我们较快地找到解决问题的途径,但有时也会陷入思维定式的陷阱。只有注意突破思维的惰性,才能发挥其积极的一面。

比如,人们的惯性思维总认为"老鼠"是害人精,偷吃粮食、损坏衣物,但如果我们能突破思维惯性,以"老鼠的贡献"为题展开想象和发挥,也同样能自圆其说,得到合理、适切而新颖的结论:"全世界每年用于医学研究需要4亿多只动物,老鼠占90%。近年在老鼠身上试验而发明了一种新药,使心脏和肝脏移植成功率大幅度提高,挽救了千百万人的生命。"

(三)鼓励超常思维,培养发散思维的独特性

独特性是指发散思维的新奇成分。主持人思维训练时对某个题目有超常、独特、非逻辑性但是合理的见解是应当得到及时肯定的。

在主持人创造性的思维进程中,还应该看到两种情况——发散的过程和聚敛(集中)的过程,这两种思维方式在主持人的实践活动中也是密切相关,具有一定的辩证关系的。发散思维是指人从大脑中提取了大量有关的存贮的知识,并通过联想与想象,形成若干备择的思路、想法、方案,发散性思维使人的思维趋于灵活,它的结果是不确定的,常有猜测性质的,它往往是海阔天空、无拘无束的自由想象,任思维天马行空地巡天遥看天河。科学上的一些猜想,艺术上的想象,直觉的偶然一得,往往都属于发散思维。"聚敛思维"是一种严格的思考方法。它注重于一丝不苟的逻辑分析与验证,无论多么繁杂零乱的现象或素材,在聚敛思维的工作下,最终都会在发散的基础上,根据一定的功用目的,综合多种信息,导出一种结果,被一系列验证制约在一个扼要、清晰的逻辑框架中。在创造性活动中,要经过从发散思维到辐合思维,再从辐合思维到发散思维,多次循环完成的,这两种思维是辩证的、相辅相成的关系,其中发散思维占基础的同时又占主导地位。

无论做何种节目,对于主持人来说,信息的积累都是必要的。信息的积累分为常态积累与短时积累。常态积累,也就是我们常说的广义备稿,更多地属于非技术层面的学习。历史文化、社会动态、人文地理,尽可能多地摄取未知,对于主持人来说,非常重要。短时积累,更准确地说是短时信息收集与消化,针对某一期节目选题,在有限的准备时间内,收集信息,将基本事实性信息与其他信息进行交叉分析与整合,迅速厘清话题的脉络与事态发展,整理出议题要点。

主持人要使思维具有发散性,在日常生活中,应注意博览群书,以达到学识渊博、积累丰富。思维发散迅捷,脑筋转得快,是以广博的知识为基石的,井底之蛙,是不会有透辟而深刻的见解的。思路宽和思路转换灵活是从不同角度去思考问题的两项优秀标志,它要求我们兴趣爱好广泛、博专结合,甚至多才多艺,不仅要学习本专业知识,而且要兼学一些相关的别的专业的知识,"只有汇百川到海,才有汪洋之势。"其次,要克服固定观念,纠正"从来如此"的论点。继承传统,又要发扬创新与提高。最后要养

成善于变通的思想,克服平俗呆板的固定习惯,重复自己脑子里传统的或定型的东西是不会发散出独特性的思维的。只有在思维时尽可能多地为自己提出一些"假如……""假设……"等,才能从新的角度想自己或他人从未想到过的东西。

总之,在节目策划和驾驭过程中,主持人应努力从思维的流畅度、思维的变通度和思维的独创度这三个方面来培养自己的发散思维品质,做到:一是思维方向灵活,善于从不同角度和方面思考;二是思维过程灵活,从分析到综合,从综合到分析,全面灵活地进行综合分析;三是迁移能力强,能举一反三,多解求异,进行发散式思维。主持人所面对的现实情况是复杂多样的,我们不仅需要严谨的思维、有序的思维,也需要跳跃的灵感、广泛的视角,只有这样才能培养一个开放性的头脑,才能拥有包容大千世界的思维空间。

第二节 发散思维范例分析

一、例1

再请看白岩松在主持《东方之子》时采访文化学者、上海戏剧学院教授余秋雨的8个问题:①您的文章很多人看了以后就说鬼斧神工,经常有神来之笔,那么当您写完之后,回头看自己的文章,是否也会有种新奇感?②我在您的文章中曾经注意您这样一个思想:人应该有一种大气和超越,才会有种深刻的悲和美。那么您认为对于文人这一点是不是尤其重要?那么您自己是否在体验着深刻的悲和美呢?③中国的文化已经很悠久了,在这个过程中有很多的文人在传递着它,岁月流逝,文人们相继地去了,但心灵中的这种体验却是一脉相承的。那么现在您是否觉得自己非常有责任来承担弘扬民族文化的使命,或者说您很幸运的是这个血脉中的一分子?④当面对自己的时候,或者说在酒后,您有没有构思或想过自己是唐朝的一个诗人或者宋代的一个词者?⑤您现在是名人了,平时会有很多人找您,很多场合需要您,这样一个非常忙碌的生活,您是忙于应付呢,还是心里面隐藏着成功的喜悦?⑥辞去上海戏剧学院院长的职位,对您来说是不是件很高兴的事情？⑦您过去家住楼房,是上海的西南角,您可以以一个旁观者的身份来观察这个大城市,那么您正要搬家,搬到市长的院里,也许多了一份宁静,但会不会也多了一份贵族气？⑧您被评为上海高教的十大精英,这个奖项和您在其他文学上获得的奖项,不会有太大的差距吧？

分析：白岩松以多层开阔的视野、多维发散的思考设计提问了余秋雨以上的一个个问题,分别触及受访者的心灵体验、情感方式、人生态度等等。前面4个问题从文思、文人的气质和文人的责任发问,貌似巨大,但角度很小,问的是余秋雨本人的感受,受众自然也想了解;第4个问题貌似荒诞,但话题别致,受众肯定觉得有趣;最后4个问题貌似平常,但小中见大,既有"平民意识"又能得知"贵族"心态,问得恰到好处。[①]

二、例2

中央电视台《新闻调查》主持人董倩在对慕绥新的采访中,能够在前期准备的基础上多角度拉近主持人与调查对象的距离,营造和谐的交流氛围。有些记者,摆着一副审判者的面孔,上来就问："你收了多少钱？为什么要收？"以致采访根本就无法开始。董倩首先考虑到他的心态,一定不能打破他的自尊,要把他当作一个"人"而不是"囚犯"。她问慕绥新的第一个问题是："你在就任市长时有过一次宣誓,你还记得说什么吗？"首先打开他辉煌的一面,不让他尴尬。"我将诚实、公正、全心全意履行自己的职责。"董倩又说："我这个人轻易不被打动,但这次真的被打动了,所有的人都很庄严、肃穆。"站在一个普通公民的角度去体会慕绥新的心情。"是啊！……非常激动……""一个人一生中宣誓的机会不多,你有过几次？"董倩还是围绕这些荣耀来说。"是的。一次是入党,一次是宣誓就职。"慕绥新似乎被深深触动了,又详细描述了宣誓时的内容和心情。"你宣誓完了,你给人的形象是负责、正义,但同时又收人家的钱？"开始涉及反面的问题了,但有了前面的铺垫,这时的慕绥新不是面对一位挑剔的媒体记者,而是对行为不理解希望得到回答的智慧真诚的朋友。"是啊,人都有两面性,一面想做些事,一面又很自私……"同样是因为有了前面多个角度问题的铺垫,慕绥新也开始袒露真实的想法了,开始了对自己的剖析。

[①]敬肃宁. 播音主持专业口语表达能力提升研究[J]. 传媒论坛,2021,4(05):67-68.

分析:董倩在前期准备充分、适度拉近主持人与调查对象的距离,营造和谐的交流氛围的基础上,非常重视访谈的多角度变换,作为一档深度访谈的调查类节目,《新闻调查》对事件的报道不止停留于表面的介绍,而是深入问题本质的分析,触及人物灵魂深处的探究。主持人善于变换提问的角度,控制话题的走向,实现"揭示真相"的目的。

三、例3

下面我们来看《实话实说·野生的朋友》一辑中崔永元与嘉宾的一段对话,来观察、体会其思维灵活与发散是如何在你来我往的谈话中得以充分实现的。

崔:"吕植女士是研究大熊猫的,我们看到的大熊猫是被描述成一种非常可爱的、憨态可掬的动物。您跟它们接触得多,它到底是不是也有残忍的一面? 它吃不吃人?"

吕:"大家都知道熊猫是吃竹子的,在野外它要是看见一个人,就会掉头就跑,因为人会吃熊猫。"

崔:"它有没有可恨的地方?"

吕:"可恨不可恨是从人的角度来衡量,对人的利益有损害,可能会觉得可恨。就熊猫而言,从历史上来讲一直没有过正面冲突。因为它就像一个隐士一样在深山老林里吃竹子。"

崔:"您听说过隐士伤人的事吗?"

吕:"有伤人的事儿,这种事多半发生在动物园。我想任何一个人被关在笼子里,大概也会产生熊猫那样的心情的。"

崔:"吕植女士,您去的有野生动物的地方,是否当地的经济不发达? 为了发展经济他们是否会不由自主地破坏野生动物的家园?"

吕:"目前我国经济确实存在问题,大家怀着很高的发展经济的期望,特别是交通不便的地区,眼睛就只盯在自然资源上。"

崔:"保护野生动物很神圣,是否因此就要那些地区的经济发展变慢或不发展呢?"

吕:"公平地说,这样的地区有没有权利来发展? 有,穷人同样有权利生活得更好,但资源是有限的,地球也是有限的。而我们的好生活都是建立在消耗资源的基础上,生活越好,消耗得越厉害。所以我们提倡,用可以再生的东西就能减少对环境的压力。"

分析：这里主持人崔永元用了一连串发问,逐层地、深入地、多角度地让谈话内容得以展示。起初在简要介绍了嘉宾的身份后和熊猫在大众心目中的普遍感觉后,巧妙地运用逆向思维——因为"您跟它们接触得多",所以"它到底是不是也有残忍的一面？它吃不吃人？"极大地调动起嘉宾的解释和交流动机以及观众的倾听欲望,而后又进一步地追问和质疑,在一种"逆问正答"的交流中澄清了事实,也强化了大家对熊猫的关爱和怜惜,尤其是一句,"您听说过隐士伤人的事吗？"还颇有趣味,使谈话不至于沉闷和单调；而后又从保护熊猫逐渐深入到野生动物与发展经济二者关系的探讨,使交流在不同的层面、不同的角度进行,极大地满足了观众多层面的需求。

四、例4

2000年秋,北京电视台《晚间新闻报道》在一次节目里播发了四条有关报道：《啤酒节——众人捧场》《啤酒节——"祥子"活了》《啤酒节——意犹未尽》《啤酒节——有点遗憾》,既从不同角度报道了首届王府井啤酒节的热闹情景,也对结束时间过早及游人乱扔垃圾作了客观反映,主持人对后者有所议论。

啤酒节上的新花样儿真是不少,吃的、玩的、看的,一逛就到晚上10点多了,可这边还没尽兴,那边商家已经要收拾货摊儿了。以往夜场消费的时候,老说商家费尽心思消费者不买账,这回,有了客人,有了搭台唱戏的场子,商家怎么不唱到底呢？

这种分析虽说不无道理,但细想想,有几个人会从下午两点一直逛上8个小时呢？根据现场采访了解到的情况,绝大多数消费者是下班以后或是吃过晚饭后才来的,10点半钟人家就收市了,总有意犹未尽的感觉。也就是说,组织者设计的时间长度显然与大家实际的消费时间有出入。

在反映游人乱扔垃圾的消息《啤酒节——有点遗憾》中,主持人针对这一组报道与观众有了如下"面对面"的交流：啤酒节还将持续半个月。说心里话,能有这么个地方,让老百姓休闲享受,确实是件好事儿,今天之所以也挑些刺儿,是真心希望这个活动既能让组织者和商家有钱赚,也能让消费者打心眼儿里满意。而且从啤酒节也可以看出,北京的夜场消费很有潜力,但还需要消费者和商家都能多替对方想一想。您想,咱们不乱扔东西,人家也不至于觉得打扫卫生是个难事儿,而商家如果也考虑到消费者的需求,就会在各方面多一点投入,市场就是这样,只有互惠互利,才能够稳固长久。

分析:发散思维同样贯穿于节目的策划与采访思路中,这次成功的节目围绕"啤酒节"的"台前幕后"新闻线索多角度挖掘报道,使观众足不出户领略了王府井首届啤酒节的风采,但是并没有停留在热热闹闹的常规性动态报道上,而是透过一些现象做深入采访和点评,让观众"散点透视"了"啤酒节"的一些遗憾。使它在啤酒节的众多报道中别具一格。

五、例5

北京人民广播电台交通台的主持人刘思伽、罗兵因为主持《一路畅通》节目而知名京城,在一期题为"副座正在干什么"的节目时,主持人刘思伽回忆到:那是2002年9月的一个早晨,一个典型的打着"北京制造"的秋高气爽的日子。天,蓝得纯粹;路,堵得离奇。以汽车为交通工具的《一路畅通》的主持人也未能幸免于现代化的城市游戏——交通堵塞。主持人目睹了堵车过程中人们的不同状态,更敏锐地留意到坐在司机旁边副座上的人们"显然更能以一种温和超然的心态看待交通拥堵"。于是,到了直播间,主持人没有放过"现趸现卖"的机会,把观察生活的这些刚出炉的心得趁热倒腾给了听众。他们顺势给大家出了个题目,请副驾驶座上的人"汇报"一下,"这个堵车的早晨,你正在干什么?"于是就有了一期生动、活跃、即时交流感强而又极富生活情趣的互动节目。

刘:有的朋友可能是在路上走走停停,心里挺烦。但是这位手机尾号4922的朋友对这事儿却有另外的看法,他说生活节奏太快了,平时都很忙,利用堵车的时间谈谈恋爱,不是很好吗?

罗:手机尾号是5600,她说你们猜我们在干吗?老公在修车,我在车里看书,听广播。真的是非常舒服。她老公真可怜。

刘:没错,老婆非常享受。另外一位老公就发来了一条短信息,她说,主持人你说的真没错啊,我就是天天如此啊,可我老婆还老跟我吵架,唉,送我一首歌吧。

罗:有没有其他的情况啊,比如说特别快乐的,不像你刚才说的那么一种状态的?

刘:有啊。老婆在旁边化妆,化得越来越漂亮,等下车一看,焕然一新!老公不觉得特高兴吗?

罗:倒也是。

刘:不过我就想提醒大家,女孩子化妆是可以的,在堵车严重的路段。但是在行驶特别畅通的路段可千万不要。比如以下路段——

罗:[畅通路况]

刘:在这些路段副驾座上化妆的女孩子们注意啦,万一有一个急刹车,很容易把口红抹在脑门儿上,把眉毛画在下巴上。

罗:(笑)干脆向所有坐在副驾座上的朋友们发出一个邀请吧。你们现在正在干什么,给我们发来一个手机短信好不好?

刘:我们特别想知道坐在司机旁边的朋友,你在干什么。

罗:这里就是《一路畅通》,刘思伽和罗兵为您带来的《一路畅通》,我们马上要进行的就是"副座正在干什么"特别版的第一部分。因为信息实在是太多了。一起来听吧。

刘:手机尾号是5415的朋友说得非常简单,她说,我在睡觉。(笑)可是睡觉的你是怎么给我们发来短信息的呢?

罗:有很多朋友其实都写的是我在睡觉。估计是被咱们吵醒了。另外,这位朋友干的事情也能代表其他很多朋友,他的手机尾号是4140,他说,我在吃早饭。

刘:有的人更具体,说,我在吃面条。

罗:这是手机尾号是0780的。还有位朋友说,我在喂老公吃早饭。

刘:手机尾号是9366的朋友就说,我老婆可乖了,正坐在旁边喂我吃早饭呢。(笑)

罗:(笑)怎么都是喂饭的呢?

罗:(笑)手机尾号是8832的朋友说,我正在边晒太阳边发呆,阳光真好。

刘:吃饱了晒太阳才好。如果没有早餐怎么办?这位朋友有办法:手机尾号是9638的朋友说,我在吃……手指头。(笑)

罗:还有的朋友在涂指甲油。

罗:更多的人是在跟自己的老公聊天。

刘:有一条信息最让我费解——手机尾号是2597的朋友说——

罗、刘:(齐)我在修水管!

……

罗:今天我们的节目有一个主题,就是说说副驾驶座上的您都在干什么,最后,我们再来看一条信息。

刘:手机尾号是0428的朋友正在烦恼着。他说,我一直在择狗毛,快累死了。我怎么觉得我身上的狗毛比我们家小狗身上的还多呢?怎么办啊?

罗:其实最简单的方法就是去买那种宽胶带,然后不停地用它在身上拍,就可以把狗毛粘下去了。

刘:更简单的办法就是,先买件新的换上吧。(笑)不过,假如您的车正行驶在一辆洒水车后面,可能您抬头看看,就不会那么心烦了。手机尾号是6390的朋友就说,快看,洒水车后面有彩虹!真的!看到了吗?真美。

分析:刘思伽、罗兵的主持大气、睿智、机敏、流畅,加上富个性的声音有和语言表达功力,造就了一种特有的主持风格,有其不可小视的艺术魅力,深得听众喜欢,专家赞誉;更难得的是,两位主持人基于丰富的学识修养,工作中善于思考,努力创新,对于每天进行的常规性、伴随性的"超长时间"的直播节目来说,既注重事先精心的话题选择,又能够因时制宜,和当下的情景发生关联,在话题的设计以及与听众的自然交流中巧妙地发散思维、积极捕捉灵感,因此,节目创意与驾驭凸显灵动、新颖,与听众也实现了"琴瑟和谐"的互动与共鸣。

六、例6

节目的策划和构思也同样需要主持人开阔的视野和发散的思维。如,北京电视台《元元说话》虽然是发生在老百姓身边的一件件小事,但目光却并没有仅仅停留在这些小事表面,而是由个别到一般,通过丰富的背景资料加以补充和深化,使节目的视野更开阔,内涵更丰富,说服力也更强。

比如《如何节水》从一个不关水龙头的小小实验开始,引出了司空见惯浪费水的种种镜头;继而以字幕显示北京严重缺水及与伊朗等缺水国家相关数字的比较,揭示出北京一方面浪费严重,一方面又严重缺水的突出矛盾;随后记者走出北京城,来到郊县的一个缺水村庄进行采访以再次证明节水的重要;最后主持人元元的结束语则引申到人和自身器官的关系问题,节目紧紧围绕着"节约意识"做文章,发人深省,具有很强的说服力。

第三节 发散思维练习

训练目的:拓展思维能力,掌握多向、逆向、多角度、立体的发散思维方式,提高运用发散思维解决问题的能力。

训练要求:在发挥思维流畅性的同时,还要尽力做出思维变通性和灵活性的努力;要把训练题中得到的发散思维能力及时有效地运用到节目主持的实践中。

训练做法:分为"趣味练习""基础练习""实践操作练习"三个部分进行;训练时可先"写"再"说",亦可根据具体情况进一步分化为"落笔成文脱稿说""写出提纲展开说""按腹稿提纲说""边想边说""脱口而出"几个循序渐进、由易到难的步骤进行;还可反过来,即兴说出后写下来,再进一步梳理逻辑顺序并润色词语。整个训练不仅要求思维的质量,同时重视语言表达应切合语境,易于大众听觉途径的接受和理解。

一、趣味训练材料

(一)思维速度练习

请列出尽可能多种类的鸟。
要求:至少列出25种,5分钟内完成。
请列出尽可能多种类的汽车。
请列出尽可能多种类的船和艇。
灯不亮了,都有哪些原因?
怎样才能达到取暖的目的?
邮局除了邮递信件与包裹外,还有什么作用? 说得越多越好。
尽可能多地设想利用太阳光能做些什么事情?
尽可能多地说出计算机、电视机技术可以和哪些东西组合在一起?
利用两个三角、两个圆和两条直线进行有意义的组合,你能组合多少个图案?

利用1条直线和1条弧线,组合成尽可能多的图案。

(二) 突破常规思维练习

例题:翻看颇有新意的书《魔鬼词典》,你会发现他们巧妙地运用了发散思维,把似乎毫无联系的事牵扯在一起,从不协调中表达出新的协调,从而产生幽默的意味。

我们看看它对"人"的解释。

"人:一种没有羽毛的两足动物。"(柏拉图)

"人:自然界脆弱的芦苇,然而是一种会思考的芦苇。"(帕斯卡尔)

"人:一种公共汽车,坐在其中的是祖先。"(霍梅斯)

"人:狗理想中的上帝。"(杰克逊)

这种发散思维式的幽默就是用了"漫天飞舞"式的逻辑加上形象的语言表现,把那些日常生活概念加以重新解释,以非正常的逻辑从另一个角度进行评说,非科学但更有意味。

下面我们再看几例绝妙的发散思维表达的实例。

广告:这是一种用真假参半的话编造谎言的艺术。它使你在不知不觉中被对方扒了口袋,却乐呵呵地自以为占了便宜。

上司:一种毛性动物。它见了老鼠就发威,即使不吃掉老鼠也要在它头上撒一泡尿;见了老虎则趴下,好让老虎撒的尿能给他留下一点虎威。

天才:生前被别人嫉妒和迫害,死后被别人称赞和自比的不幸的人。

公共汽车:这是城市的一种玩笑大师。你在后面追它时,它越走越快;而当你坐进它里面之后,它却慢慢悠悠。

父亲:这个男人未征得你的同意就把你带到地球上,可是在以后相当长的岁月里,你无论做什么事都要征得他的同意。

比基尼:男人们希望自己的老婆以外的所有女人都穿上的社交礼服。

古董:第一代人买下,第二代人抛弃,第三代人用高价买回的一个尿罐。

健美运动:这是一种折磨肌肉、白费力气的活动,它使女人变得像男人,使男人变得像超级青蛙。

女人:一种眼泪特别多,废话特别多,温柔起来像猫,凶狠起来像老虎的人。

构思故事标题意在进行突破常规的思维训练。

训练的做法：被试者首先阅读一则小故事，要求被试者写出与之相关的标题。

评分的标准：写出巧妙的标题的数量越多，创造性思维测验的分数越高。

（三）逆向思维训练

逆向思维是主持人思维能力构成中必不可少的一部分，它可以帮助主持人突破传统思维束缚，重新建构话语内容。形象地说，逆向思维是指常人按照传统思维路径得出的观点、认识、结论时，你可以突然"来个急刹车，并掉转车头"地思考问题，进而发现崭新的切口与脉络。通过这一思维模式得出的观点、认识、结论，给人出其不意、意外惊喜之感。

云南电视台与中国传媒大学播音主持艺术学院校台合作，在云南卫视早间新闻节目《新看点》中开设了日播栏目《主播新鲜看》，该版块由中国传媒大学的师生共同打造。作为一档日播类新闻节目，《主播新鲜看》从社会话题到新鲜时事，新主播的职业视角不断拓展。选取最新社会热点完成的是"提供信息"；诠释说明现象完成的是"分享新知"；以信息证明信息完成的是"扩展信息"；借他人之言，表自己之意完成的是"短言评论"。

例题：可以选择一些词汇为主要对象，从中筛选出一些，对传统理解发表"新解"，反其原意而立论，逆向论述可由传统释义、情节复述、逆向辨析、新意立论等四个部分合成。

2012年中秋、国庆双节前期，中央电视台推出了《走基层·百姓心声》特别调查节目"幸福是什么？"。央视走基层的记者们分赴各地采访包括城市白领、乡村农民、科研专家、企业工人在内的几千名各行各业的工作者，"幸福"成为媒体的热门词汇。"你幸福吗？"这个简单的问句背后蕴含着一个普通中国人对于所处时代的政治、经济、自然环境等各个方面的感受和体会，引发当代中国人对幸福的深入思考。从9月29日到10月7日，央视新闻频道连续9天播放"你幸福吗"街访纪实节目，并在《新闻联播》以头条、提要的方式挂标播出了8集。

"你幸福吗"由此成了长假拥堵新闻之外最大的社会议题，在新浪微博以此为关键词搜索，有5355万条结果。"幸福"一词瞬间成为网络热门词汇。下面围绕该词汇，我们从由传统释义、情节复述、逆向辨析、新意立论等四方面予以分析阐述。[①]

例1：幸福

传统释义：①使人心情舒畅的境遇和生活；②（生活、境遇）称心如意。

情节复述：《现代汉语词典》对于"幸福"的解释——①使人心情舒畅的境遇和生活。这个解释主要从物质条件的视角予以诠释，由此可见，幸福首先是由身处的境遇和物质生活的基本满足、条件升级甚至是条件丰厚到奢华给人带来的心情舒畅。②（生活、境遇）称心如意。这是从心理角度予以诠释的，物质条件得到满足，并不意味着产生"幸福"的感觉，这个解释更多强调的是一种心情。

逆向辨析：从物质到精神，"幸福"的书面解释是基于物质条件被满足的基础上，进而追求精神世界的营养。但是，随着物质生活的不断丰富，幸福的意义几乎被房子、车子、钱夹子所取代。以往传统价值观对于幸福的阐释越来越接近"幸福"的书面解释，第一是物质，第二是精神。节目女嘉宾马诺在《非诚勿扰》中那句"名言"——我宁可躲在宝马车里哭，也不愿意坐在自行车上笑。在一定程度上，反映了当下社会生活的另一面。在此，需要辨析的是：我们是不是应该只关注物质层面的幸福，忽视甚至去耻笑精神层面对于幸福的追求。答案是否定的。精神层面的幸福感与物质条件上的幸福感不存在矛盾。毕竟，物化的幸福感远没有精神层面的幸福感平实、踏实、扎实。在物质层面丰富的同时，追求精神层面的幸福是趋势，更是必然。

新意立论：此次对于"你幸福吗"的热议，凸显出多元化思考在当下社会所呈现出的多元化声音。

以下我们来看一看白岩松的想法。他在2012年11月3日播出的《新闻周刊》的开场白中，就"幸福"发表以下的看法："最近一段时间，中国越来越多的省、市、自治区把幸福当成未来追求的目标，从追求能用数字衡量的GDP到用数字不太好衡量的幸福，其实，这是一个值得我们高兴的进步，也正是GDP的连年上升，有了今天让我们追求幸福的底气和渴望。然而，与GDP由国家发布不同的是，幸福与否无法用国家来发布，它来自每一个国民的个体感受，也因此伴随着追求幸福时代的来临，我们依然要有

[①] 李欣刚. 张颂在播音主持发展中的独到见解与借鉴价值研究[J]. 西部广播电视，2013(12)：101+104.

很多的改革,比如要把更多的评判权交给群众,因为幸福与否来自每一个人,别人无法代替我们回答,是不是幸福。愿中国在追求幸福的道路上,走得更快一些,更勇敢一些。"

从普通市民对幸福的体验式感受,到白岩松从公民权利层面的幸福思考,有关"幸福"的解释愈加开阔、多元化。

例2:剩女、胜女

根据百度百科搜索,剩女、胜女是指已经过了社会一般所认为的适婚年龄,但是仍然未结婚的女性,广义上是指27岁或以上的单身女性,很多拥有高学历、高收入和出众的长相,但是也有的自身条件较差。多数剩女择偶要求比较高,导致在婚姻上得不到理想归宿而变成"剩女"的大龄女青年。我们可以从以下三点思考这个问题。

第一,传统观念认为,"剩女"一词是贬义词。舆论认为,个别女性的自以为是,过度清高是导致"剩女"现象出现的原因,她们以非常挑剔、俯视心理看待恋爱对象,所以,必定沦为"剩女"。

第二,"剩女"是赢家。风水轮流转,剩下的才是最杰出的。2010年,"剩女"不但不再是令人尴尬和伤感的代名词,一系列活生生的例子反而充分说明,"剩女"才是婚姻和爱情里的赢家。

第三,"胜女"一词,与传统意义上被婚姻"剩下来"的"剩女"含义不同,因电视剧《胜女的代价》,"胜女"开始受到广泛关注。所谓"胜女",是指年龄在27~32岁之间的女性。在爱情上,未婚但失恋两次以上,有着同时被两个以上男人追求的经历。工作上,高薪,高学历,经济独立,工作中独当一面,而且在胜女眼中,工作大于爱情,工作第一、爱情第二。"胜女"所传达的价值观是一种积极向上的心态,她们是社会正能量的代表。总的来说,"胜女"是"剩女"含义上的升级。

从歧视性贬义词,到赞扬式褒义词,对于"剩女""胜女"一词的解读折射出社会流行文化的多变性,同时也反映出人们思想观念的自由、多元。一种观念在社会人文环境中的生存路径从一个侧面窥视出当代社会文化的多元性。

二、基础训练材料

(一)思维速度与广度练习

观物演讲:对随意拿(或例举)出的一样实物,做"感性描述—拓展联想

—理性升华"的即兴演讲。

要求:可分为"略加思索"和"不假思索脱口而出"两个阶段做练习,以提高难度和能力。

(二)拓展思维演讲练习

举例来说,2011年9月16日"陈光标砸奔驰车高调环保"一事成为热点新闻,以此为契机可以拓展的信息层面包括:①9月22日是城市无车日;②陈光标全家改名,陈低碳、张绿色、陈环保、陈环境;③从"高调慈善"到"高调环保",陈光标的"每一次高调"目的何在？④我们这个社会倡导环保是否需要高调？⑤演艺明星的高调环保宣传鲜有争议？⑥为何陈光标的"高调环保"遭受质疑？

按照以上这些脉络,陈光标砸奔驰车高调环保一事的讨论空间就会进一步扩大,避免就事论事,仅仅纠结于陈光标的个人行为上。

(三)创造思维练习

做法:参加者每人写一个名词,练习者随意抽取3～4张,稍事酝酿后演讲。

练习提示:创造性思维训练的着眼点是将看似毫无关系的一些表象借助某一思维链条或节点将其衔接起来。正如凤凰卫视宣传片里所表述的那样:"新闻每天发生,视角各有不同,看似不相关的事情,其实他们都是有关联的。"创造性思维就是将那些松散的、散落各处的信息依据某一问题意识将它们串联使用起来,从而表现出传播者的意图。高水平的节目主持语言表达,其思维过程的一个鲜明特点是思维轨迹的多向发展,即能主动灵活地转换问题思考的方式,从多个角度对话题展开立体分析,在思考问题时,能摆脱习惯性思维定式的约束,这样,在论证命题的过程中,当别人以单一角度立论时,自己能以多种角度立论;在诸多立论角度中,又能够选择最佳角度立论。

例1:书籍、手机、地铁

自从上小学开始,书籍就从来没有离开过我们的生活。但是,教科书的枯燥无味,导致学生对学习产生严重的抵触心理。而"70后"的那一代,上学时武侠小说流行,谁弄到一本金庸武侠小说,其在班里的地位甚高。同样都是书,在学生的眼里,价值截然不同。书籍本身没有错,只是看待书籍的人,立场视角不同罢了。如今电子书走入人们日常生活中,特别是智能手机的广泛普及,使得电子书籍成为可以随时阅读的书籍。其海量的存储、阅读的便利迅速成为很多人的新宠,反倒使得"闻书香"变成了"小资"生活的某种标识。城市生活愈加快速,使得阅读本身也加快了脚步。以前坐地铁读书看报的人很多,现在玩手机的人越来越多。一些文化学者担忧,电子书籍不仅仅改变了人们的阅读方式,甚至影响到人们的阅读质量。同样是文字,印在纸上是文化,打在屏幕上是文件。电子书籍是否会最终代替纸质书籍,我们现在无法预料,但是,冬日午后,一杯清茶,一本好书,却是人人向往的读书意境。

例2:苹果、指数、快递

该话题练习者以"城市交通"为题联想成文,其要点如下。

有人说,世界上有三只苹果改变了世界。一只是夏娃的苹果,一只是牛顿的苹果,还有一只就是乔布斯的苹果。前两只苹果是可以吃的,而后一只苹果是只可用不能吃。然而,这只"只用不能吃"的苹果真的改变了现代社会,看看周围,此时此刻,这只苹果在很多人的手中,帮助人们打发生活中的缝隙时间。

自从2011年起,中秋节前的最后一个周五,北京迎来了的是全城拥堵日,如果赶上个雨天,拥堵指数通常是全年最高值,2012年是9.8,而通常来说,城市最高拥堵指数是10。造成拥堵的原因凸显了节前交通的特点,下班回家、商业区消费热点,最具特色的是快递公司送月饼,进一步加剧了交通拥堵。人们拿着苹果,刷着微博,抱怨着自己被堵的经历。

以往城市交通体现在交通广播里、电视新闻报道中,随着智能手机的普及,城市交通也体现在社交平台上。此时此刻,"你被堵在哪里?"成为当晚最热的微博词汇,看来城市交通给现代生活中的人们烦恼多于愉悦了。我们也只有在虚拟的微博空间戏谑奔跑。

三、实践材料操作

(一)现场采访题目

要求:①采访主题和采访对象的设定由自己想象(限3位采访对象)。②采访中要求想象丰富,组织合理,挖掘深入,明白简洁。③限3分钟内完成。

采访现场：①证券交易所；②麦当劳或肯德基快餐厅；③音乐厅内外；④报摊；⑤废品回收站；⑥心理咨询门诊部；⑦农村小学校园；⑧监狱门口；⑨保龄球馆内；⑩交通事故现场；⑪电影院或剧院；⑫清晨公园里；⑬农贸市场；⑭长途汽车站；⑮彩券、奖券购买处；⑯游泳馆门口；⑰婚姻介绍所；⑱书市。

（二）新闻话题的节目策划构思

要求：就下面几则新闻事件多角度策划、构思节目文案，尽量做到生动、深入。

条理清晰、层次分明，可听、可视性强。

《东方早报》9月5日消息：在上海工作的一对美国夫妻Matt和Ella从地铁站口领回了一个失去下半肢的中国乞讨者马维华，并和他交上了朋友。当邻居们发现这位残疾人拿着美国人给他的钥匙，穿着美国人给他买的休闲服装，在这个高档的住宅区出出进进时，"极大不安"起来。邻居们把这个事反映到了物业管理部门，提出了种种要求。为此，还专门召开了业主委员会，让民警给这个残疾人做了登记，但这个事还没完，整个大楼内部的和谐、安详似乎已经被破坏了。

《北京娱乐信报》8月12日消息：北京市自1999年出现了华夏女子中学之后，今年9月份又出现了国内首家专门招收男生的"男子高中"，这所民办的"汇佳男子高中"今年计划招收两个班，80~100名学生，而目前报名人数已超过了200人。对于男女分班、男女分校，大多数学生和大多数家长的态度是决然对立的，学生们表示反对，家长却表示欢迎。尽管汇佳学校有关负责人并没有说创办男子高中是为了防止学生早恋，而是意在通过准军事化管理实行"男人教育"，培养学生的吃苦精神和阳刚之气，但不可否认，创办男子高中之举在客观上正好迎合了很多家长防止学生早恋的意愿，也许，这所民办学校正是瞄准了学生家长的这种心理，才大胆推出"单性教育"，借以吸引生源。无独有偶，据7月20日《江南时报》报道，江苏省一些中学在生源战中大打"性别牌"，出现了兴办女子学校、女子班的热潮。据称，这种女子教育有利于女生度过青春期，女子学校的礼仪修养教育也有助于女生提高综合素质。为此，众多考生家长对此也乐此不疲。

近年来，许多电视台综艺档都开辟了一个类似"模仿秀"的压轴栏目，可谓"百分百开心，百分百火爆"。模仿者大都是年轻人，模仿对象也多为影视歌明星。长得酷似明星，当然是一件值得骄傲的事，然而据2003年9月1日中国新闻网报道，南京东南大学附属中大医院对暑期进行整形美容者进行的一项统计结果显示：70%的整形美容者为年满18岁的大学生和高中生。其中，70%的学生要求整"明星脸"。另据《人民日报·华东新闻》报道，6月底至8月中旬，中大医院共接待学生整形美容咨询者800余名，大多数学生要求对鼻子、眼睛、脸形等重新"包装"。医护人员发现，70%的学生要求医生参照自己的偶像进行整形手术，其中女生占95%以上。一名高中女生甚至带着某明星的海报前往，要求整出这位明星的脸形；有的女生从网上下载刻有明星面部不同角度的图片光盘，供整形医生参考。

第六章 播音主持逻辑思维

第一节 逻辑思维概述

一、逻辑和逻辑思维

(一)逻辑概述

"逻辑"一词最早来源于古典希腊语"logos"(罗格斯)。最初的意思是"词语"或"言语",后来逐渐演变为"规律""秩序""思想"等含义。逻辑是指潜藏于客观世界中的本质联系、客观规律和普遍法则,如普遍现象和典型代表、原因和结果的规律性联系、事件的前后继起关系。事物之间的种、属、类的层级关系等。作为认知主体,人类通过对这一系列关系、规律的认知,形成了一整套逻辑关系表述,逻辑规律界定和逻辑形式描述,形成了现代的逻辑学。逻辑学是我们认知世界的依据和理论。

(二)逻辑思维

逻辑关系是事物表面现象之下的根本性联系,客观逻辑现象、逻辑关系被人们所观察、认知、分析、总结和抽象提升,形成一系列逻辑形式,并在人的思维中反映出来进而形成我们的逻辑思维。逻辑思维是人类特有的思维形式,超越了事物的具体形态、具体感觉和知觉层面的思维形式,是由具体到抽象、由个别到一般。逻辑思维具有抽象性、概括性、概念化等特点。

逻辑思维能让我们从纷繁的事物中迅速掌握问题的核心、内在矛盾和一般规律,分辨表里高下、异同真伪和显隐多寡,整理出层次秩序、脉络勾连和主次详略。因而,逻辑思维能帮助我们看到潜藏于事物之中的隐秘的相互作用关系、运动规律,窥一斑而知全豹。通过练习逻辑的推理,可以使我们增强预见性,洞察力和甄别力。例如,著名的伽利略自由落体实验纠正了近2000年的谬论,伽利略在其著作中运用逻辑推理的方式,揭示了亚里士多德提出的自由落体定律存在的逻辑矛盾。

在《关于两门新科学的对话》这本书中,伽利略假设有两个石头,根据亚里士多德的理论:物体自由落体时,下落速度和质量成正比。那么,重的石头的下落速度就要比轻的石头快。在这个前提下,伽利略开始推论。

(为方便描述,把重的石头称为石头A,轻的称为石头B)

假如把A和B两块石头捆在一起,其下落速度相对于单个的A是快还是慢?

第一种推理如下。

大前提:自由落体时,物体质量与速度成正比——越重的速度越快,越轻的速度越慢。

小前提:A、B两块石头捆起来的一个整体,比单独A石头重。

结论:石头A、B捆起来后,下落速度比A快。

第二种推理如下。

大前提:自由落体时,物体质量与速度成正比——越重的速度越快,越轻的速度越慢。

小前提:由于石头B下落速度本来比A慢,A、B捆绑之后,B会拖慢A原来的速度。

结论:石头A、B捆起来后,下落速度比A慢。

同样的前提推出了两个结论,推理过程没有错误,那么造成这种情况的原因只可能是前提错误。

可以看到,逻辑推理给之前的实际验证做了一个事物间关系上的理性回应,揭示出之前论断的根本性谬误。逻辑思维在很多学科和领域都被广泛应用,例如在众所周知的达尔文的《物种的起源》、马克思的《资本论》、毛泽东的《论持久战》中,都显示出其强大的认知能力、解释能力、揭示能力和预见能力。

这些著作的共同点是作者运用逻辑推理的方式预估了未能证实的过去和不可预见的将来。

二、逻辑中的要素

(一)概念

在逻辑思维中,人类得以抽象地、概括地认知和把握世界。人们将具体的、不可穷尽的一类事物、现象、思想、情感、感受等特点提炼出来,并赋予其一定的称呼,形成我们认知和把握世界的"概念",这是逻辑思维的起点。概念和具体言语的结合,使我们对事物的认知结果通过语言进行传播和交流。"概念"的出现,让我们得以摆脱现存具体的事物、现象去思考和表达。有了概念性的思维,人类的大脑活动水平便有了质的飞跃。心理学家研究发现,人类在从婴儿到儿童的发育阶段,将周围事物赋予名称、形成概念性的思考,是一次飞跃。在这种飞跃的前期,人类与"黑猩猩"有着非常相似的行为模式,被称为"黑猩猩期",这个时期是人类的"前语言阶段"。而当儿童发现事物都有自己的名称、概念时,其词汇量迅速增加,其思维当中出现"理性成分"。可以说,作为理性思维、逻辑思维起点的概念,构成了我们整个逻辑思维的基础,是建造逻辑思维大厦的砖瓦。

对概念的认知,有以下几个方面需要注意。

1."实际表述""内涵""外延"

"概念"一般由两部分组成,可以称之为"实际表述"和"内涵意义"。虽然在不同语言中,概念的现实表达形式不同,但其内涵意义是基本一致的。不同语言间的翻译要注意一点,即找到两种语言在表达同一个内涵意义时,具体表达形式的差别,进而加以总结和归纳,形成可供后人学习的材料。概念的准确、清晰、明了是思维本身准确、清晰、明了的基础。已故红学研究专家周汝昌先生在一次题为"唐诗宋词鉴赏"的讲座中,花费了很长时间来探讨"鉴赏"这个概念的含义。[1]

传统逻辑学中,"外延"是指由所有具备此种内涵意义的事物构成的一类对象物。例如,计算机的外延既有笔记本电脑、台式电脑、平板电脑等常见的计算机,还有植入各种电器控制其运行的微电脑、放置在各类交通工具中帮助驾驶者操作的安装着特定程序的电脑等。

概念的产生和发展,有着深刻的时代烙印,不论其实际表述还是内涵意义,都体现着时代的特征和发展变化。在不同的时代,同样的实际表述

---

[1]刘斌.融媒体语境下播音主持专业的应对思考[J].新闻采编,2019(06):34-35.

可能会有截然不同的内涵意义和与之对应的外延;同样的内涵意义在不同的时代也可能有不同的实际表述。例如"车"这个概念,在中国古代几千年漫长的时间里一般都指由高大的四蹄类动物牵引的、有两个轮子的交通工具:马车、牛车、羊车、驴车等;而到了清末,自行车、汽车、火车等事物的出现,改变了以往"车"的单一内涵,其外延扩大很多;再到今天,"车"的概念中,已经不能再将是否有轮子作为其内涵界定的标准,例如磁悬浮列车、"胶囊列车"都是没有轮子的。诸如此类的例子不胜枚举。

在概念的使用和传播中,空间和文化环境的变化都会引起概念内涵的变化,不同的地域、国家和地区,同样的实际表述所对应的内涵意义会有差别。这是因为"概念是以范畴的形式存在于大脑中的。具有共同特征的一类概念形成了一个集合,这个集合代表着一类概念的总和"。人们生活的环境不同,其经历就相异。由此导致了存于大脑中的认知结果存在差异。例如,生活在发达国家的城市居民和生活在较为落后国家的城市居民,在对"贫穷"这个概念的把握上就会存在较大差异。生活在俄罗斯北部奥伊米亚康的人和中国南方,如广东的居民,对"寒冷"这个概念内涵的理解是大相径庭的。夫妻二人由于来自不同家庭文化的原生家庭,对于很多概念的内涵意义的理解是有出入的,例如对于"干净整洁""节省节约""关心体贴""相互照顾"等概念的内涵理解。这种概念内涵理解的差异常常会导致婚姻内的矛盾冲突。因而,不同对话主体就必须意识到在使用同一概念时,会有各种因素导致双方对概念的理解不同,沟通障碍也会在所难免。

2.主持人对"概念"的把握

作为有着示范效应的大众传媒的终端传播者——主持人,其语言中体现出的对于概念内涵的认知水平,影响着受众认知的准确性。这种示范效应越大,越是考验着主持人对"概念"内涵把握的准确度和清晰度。由于主持人总是在一定的语境下、一定的地域文化和时空背景下进行语言传播,所以要格外重视多种因素对概念内涵的影响,做到传播准确、适宜。

当下融媒体发展迅猛,很多词语概念的内涵也在具体使用中发生着变化,同时也有不少新词语、新概念出现。这当中有些已经被大众认可和广泛使用,例如"点赞""朋友圈"等网络词语便是例子。因此,在融媒体环境下,主持人更要有"概念"意识。

第一,在日常的生活、学习中要注重对概念内涵的准确清晰的把握,学习一定的逻辑学基础知识,形成一种清晰化、准确化的认知习惯,保持对语言文字使用的严谨态度。

第二,主持人平时对常见的内涵相近、有交叉、容易混淆的概念要有学习和积累的习惯,才能够较为准确地把握这一类概念。

第三,主持人对不断发展变化的语言环境,对出现的新的概念,要有正确的认知和分析,要敏锐发现和谨慎使用。

(二)命 题

随着人类理性认知的发展,对事物的多种属性、存在状态以及概念和概念之间、属性和属性之间关系的认识的不断深化和细化,要求人们在逻辑思维层形成与之对应的表述结构:命题。

命题一般由三个部分构成:主词、连词和谓词。例如:高考并非唯一的成才之路。

"高考"是主词,"并非"是连词,"唯一的成才之路"是谓词。命题体现了表达主体对表述对象的一方面或多方面情况(如状态、属性等)的判断,同时也揭示了不同概念之间的关系。再如,握手是人类文明发展到一定阶段的产物。

这个命题中,对"握手"这个概念做了判断:是人类的文明进程达到某个水平后出现的行为。其中,揭示了"握手"行为和"人类文明"两个概念之间的内在关系,体现了我们对"握手"这个行为的性质的认知。

命题在实际表述中,一般以陈述语句出现,对客观世界作出判断。作为构成人类理性认知体系的重要元素,命题是编织人类认知体系立体网络的"千丝万缕"。命题有真假之分。符合客观实际的是真命题,不符合客观实际的是假命题。

从逻辑思维层面看,一个人掌握的真命题越多、形式越多样、涉及面越广、命题的范围层级越丰富,其对世界的认知程度相对来说就会越高,其表达世界、传播世界的能力也就越强。从语言传播角度看,命题体现了传播者对其表述对象的理性认知程度,反映了传播者对客观现实的认知状态。另外,外化为语言的命题,反映出表达者对语言中词汇、语法、句法等的驾驭程度,词汇积累越丰富、语法句法运用越熟练的人,可以用不同的表现形式来传递同一个命题内容。

(三)推理

推理是建立在对概念、命题熟练掌握基础上的逻辑思维活动,是人类发现未知世界的重要思维工具。人类文明历程中无数重要的科学发现、科技发明和技术突破,都依赖于严密的逻辑推理和逻辑论证。如果说"命题"是人们对客观世界的直接逻辑思维反应,那么"推理"则是人类思维活动突破现实时空局限、创造性运用规律反映客观世界和深入发掘客观规律的表现。推理是从已知的"前提",推论出"结论"的思维过程。其借助已知的命题,遵循一定的推理规律、推导规则,得出结论。

常见的推理方式有演绎推理、归纳推理、类比推理以及综合性逻辑推理如因果推理等。

1.演绎推理

(1)演绎推理的概念

演绎推理是一种从普遍性命题推出特殊性命题的思维过程。其形式基本以三段论为主:推理由一个大前提、一个小前提和一个结论组成。"三段论"也可以理解为是两个根据、一个结论的推理方式。

例1:大前提——学校为在校的所有学生提供免费避暑药物。

小前提——李东是在校学生。

结论——因此,学校为李东提供了免费避暑药物。

例2:大前提——世间万物都是和周围事物有普遍联系的。

小前提——这棵树是世间万物之一。

结论——可见,这棵树和周围事物是有普遍联系的。

例3:大前提——本次考试没有人及格。

小前提——刘涛参加了此次考试。

结论——因而,刘涛也没有及格。

从上述三个例子不难看出。"大前提"一般描述的都是普遍性的内容,是"面"上的情况表述是一种规律,或是一个整体情况等,而"小前提"则是个体的、个别的、具体的情况描述。当小前提表述的情况可以被大前提所包含、确证的时候,就可以得出相应的结论。

(2)演绎推理常见谬误

当逻辑正确时,直言三段论是一种比较严密,结论真实度、可靠度高的推理思维。但是当推理过程违反了逻辑规则,就会出现推理错误。常见的有以下几类。①中项不周延,"中项"指的是在大前提和小前提中都出现的一个概念,将大项和小项中另外两个不同概念连接起来,进而推导出结论。中项不会在结论中出现,但是在论证推理中,却起着关键的"联系"作用。②大项不当周延,"大项"是在三段论推理中,出现在大前提和结论中的一个概念,通过中项与小前提中的"小项"联系起来,在一个推理中,大项如果在前提中没有被全部定义,而在结论中被全部定义了,就出现了大项不周延的逻辑错误。③小项不当周延,"小项"是在三段论推理中出现在小前提中的概念。如果在前提中,小项没有周延,那么在结论中小项也不能周延。

中项不周延,大项和小项不当周延,总的规则就是:前后概念的界定、范围的限定不一致。这一系列的逻辑问题,解决的是思维的一致性、概念和命题的一致性的问题,是对集合数量、范围的清晰表述和准确把握。这也是后面将要讲到的逻辑学重要的定律之一:同一律。

(3)假言三段论和选言三段论

假言三段论:在演绎推理中,有直言三段论、假言三段论和选言三段论。上述提到的三个例子都是直言三段论,在命题表述时,不存在假设的情况,是陈述式的语句,其所描绘的情况都是确定的。

思维形式中还有一种很重要的形式:假言。例如我们经常表达的"如果……那么……""假如……就……"等语言形式。这种思维形式放在演绎推理的三段论中,形成了假言三段论。当大前提和小前提都是假言模式时,为纯粹假言三段论;当小前提是陈述语句时,则为混合假言三段论。

例如纯粹假言三段论:如果英国公投"脱欧"成功,那么A股市场就会受到冲击;假如A股受到冲击,刘东的股票就会跌,造成经济损失;因此,如果英国"脱欧"成功,就会给刘东造成经济损失。

例如混合假言三段论:假如气温大幅度下降,地里的庄稼就会面临危险;气温大幅度下降了,因此,地里庄稼面临着危险。

假言三段论主要运用在对"未来"事实、现象等的推论中。对未发生的结果的推测。但是,由于结果绝大多数情况下都是多种因素综合作用的结果,而假言三段论中一般只考察到一方面因素和结果的逻辑链条。因此在做这方面未知情况的推理时要注意一般规律和特殊情况,在表述时注意用词尺度和限定性词语的合理使用。

选言三段论:选言三段论是一种"非此即彼"、二者选一的思维模式。在大命题中出现两种情况,这两种情况没有任何交集,小前提则确定或否定其中一种情况,进而得出结论。

例1:要么他是经过乔装打扮的中情局工作人员,要么只是一个普通商贩。

他是一个普通商贩。

因此,他不是中情局工作人员。

例2:今天筹备组组长的选举结果只可能是李军或者王伟。

王伟落选。

因此,李军当选了。

选言三段论使用时注重对实际表述对象的分析,"非此即彼"的情况并不能涵盖所有社会生活和自然界事物、现象。在"你中有我,我中有你"的情况下,就不适合使用选言三段论。

2.归纳推理

(1)归纳推理的概念

归纳推理是从具体的、个别现象,推论出一般规律,普遍共性的思维过程。这种思维方式跟演绎推理恰好相反,是在观察、分析一定数量的个案的情况下,总结其共性进而推出一般性结论。著名的《狼来了》的故事,就是一个典型的归纳推理的思维过程:那些前两次被说谎的小孩子骗了的山民,再次听到小孩的呼救时,认为他肯定是说谎。山民的思维过程为:由过去每次小孩呼救都是说谎的这个具体现象,推论出小孩呼救就是说谎的一般规律。因此,当再次听到小孩呼救时,归纳推理得出的"小孩呼救就是说谎"结论,指导了山民作出判断并选择行动——不去营救。生活中我们每天都要用到大量归纳推理,但在我们大脑中极少有清晰完整的推理过程。例如,一个经常因为睡懒觉迟到的学生,被老师归纳为"他迟到就是睡懒觉造成的"这个一般性结论。当这个学生再次迟到时。老师会认定他又睡懒觉了——即便这次他是病了或有其他原因。

(2)归纳推理的分类

归纳推理一般分为完全归纳和不完全归纳(简单枚举)。完全归纳是将所有的具体案例全部归纳,从而得出推论的推理过程,由于完全归纳推理是对所有具体情况的考察,因此得出的结论是确定的,不存在概率性。

在实际生活中,我们的思维过程、表达过程中用到的归纳推理基本属于不完全归纳(简单枚举)。这种推理,仅仅根据某一类对象中部分事物的属性判断,推论全部对象都具备此类属性。例如,当我们发现年初下雨时,这个路口被淹了,而上个月下雨这个路口又有积水,我们就会得出结论:这个路口只要下雨就会被淹。因而下一次遇到雨天,你可能就绕道走了。不完全归纳推理广泛运用于科学研究中,尤其是对科学研究的假说提出阶段尤为重要,例如医学研究中,科学家发现了一种提取自植物中的活性成分对几种肿瘤细胞的分裂复制有良好的抑制作用,在不完全归纳推理的思维下,会认为这种活性成分具有抗癌作用——对所有种类癌细胞的分裂复制都有良好的抑制作用(假说)。形成了这种假说后,进一步进行大量的科学实验,将目前已经发现的癌细胞用于活性成分的抗癌实验,没有发现一个反例,因此得出"此活性成分可以用于肿瘤、癌症患者的治疗康复"。由于癌细胞种类我们尚不能完全探索出,因此这个结论的得出实质上也是不完全归纳推理的过程。

归纳推理的思维模式为我们生活、工作、学习、研究提供了方法和途径,没有这样的思维模式,我们几乎不能生活,气象部门通过归纳推理的方式,预测天气变化,我们根据以往的经历判断出行道路的畅通和安全与否;经济学家通过对以往各种具体经济现象的归纳总结,得出种种经济学规律,帮助国家决策和指导民众经济行为。现代科学思维模式中,归纳思维是极为重要的核心之一,科学家通过观察大量的实际案例、具体现象后,归纳这些现象中的共同规律和一般性质,进而提出一种假说性结论,之后通过实验论证这种假说的可靠性,最后得出科学的结论。

同时要看到除了"完全归纳"外,归纳推理都是从以往发生的、现存的高概率现象中推出结论,本身是有概率性的。因而,归纳推理本身是一种不绝对确定性推理。当我们把归纳推理绝对化的时候,就会犯"绝对化归纳"的推理谬误。

归纳推理的非绝对性和非静止性也解释了为何随着时间的推移,以往的一些科学定论会被一些新的发现修正甚至完全推翻,或是由于人类认知水平的提升发现了以往未曾发现的现象,抑或由于以往未曾出现的一些具体现象,改变了人们对一些规律的认知。但是只要认识到了这种非绝对性、不确定性,这种思维模式就是可靠的。在哲学上我们称之为"相对真理"——任何一个科学定论都不是绝对的、一成不变的,只是在相对的一个时空中,可以成为人类思考和行为的指导;随着认知的进步,一些定论会发生变化或被修正。这其实就是方法论的逻辑根源。

3.类比推理

类比推理是一种建立在两种事物相似性基础上的思维模式,这种推理的基础是两种事物在内容、性质、内在结构等方面存在相似性。类比推理的思维模式在生活、工作、学习等领域非常普遍,很多时候我们并未意识到正在使用这种思维模式。生活中经常用于励志的一句话是:"他也是人,你也是人。他可以做到,你同样可以做到!"此处的"他"和"你"之间,在"人"这个概念上的相似性极高——同样是人,因而产生这样的推理。在《思维》一书中,有这样一句话:"并且,也许其中最大的障碍是我们试图使用我们的大脑来理解我们的大脑。这就像一把钳子试图夹住自己一样。"这里用类比推理的逻辑过程,告诉读者:我们对思维、心理学的研究,其实是一项几乎不可能的事情,目前的相关研究始终面临着一个无法逾越的鸿沟——人类大脑不可分割的主客体关系带来的心理学,思维学研究限制。

类比推理的可靠性和可信度的高低取决于两个事物间的相似程度和同质化程度的高低。当两种事物的同质化,相似度不高时,类比推理结论就可能出现错误,这就是"弱类比推理"(也叫不当类比、牵强类比)。

网络上曾流传这样一则笑话,一对夫妻离婚争孩子,老婆理直气壮地说:"孩子从我肚子里出来的,当然归我!"老公说:"笑话!简直是胡说八道。取款机里取出来的钱能归取款机吗?"妻子顿时无言以对。老公这个推理乍听似有些道理,但一经分析可知,其逻辑错误就在于使用了弱类比。母亲和孩子的关系,怎能与取款机和钱款的关系相比,两者在属性、原理、机制等诸多方面没有丝毫相似或相通之处。弱类比推理的两个事物,往往在个别方面显得相似、相近,很容易让人产生"还算合理"的假象。

学者徐贲关于弱类比推理有一段较为精彩的表述,类比并没有正确与错误之分,只是相比之物间的类似关系有远有近而已。一般来说,关系近的就会显得比较合理。而关系远的则会显得牵强附会,因而暴露出谬误来。没有绝对正确或绝对谬误的类比,一方面,无论关系多远,没有两件事物的类比是完全不可能的;另一方面,无论关系多近,类比的两件事物都不可能合二为一。

4.因果推理(论证)

因果思维过程是多种逻辑推理方法的综合运用,在实际生活中我们不只用一种思维模式来解决实际问题。事物的原因是多样的,结果也是多样的,绝对的一因一果实际上是不存在的。"我们的世界并不同于以线性方式串联起来的多米诺骨牌,一起事件只能引起另一起事件,也就是说,每起事件都不是由唯一的另一起事件所导致的"。因此,在因果推理中要把握住主要和次要、内在和外在、必要和充分、偶然和必然,根本和触发等因果类别。

因果推理中有一种典型的逻辑谬误:因果倒置。原因是引起结果的要素、动力、根据和条件,而结果则是原因产生的结果、后果。两者在逻辑上不能颠倒。

以下是举例说明:《为"养情人"致"贪腐"是因果倒置》。

"我对自己犯下的罪行认罪伏法,对检察机关的指控全部认罪,感谢检察机关对我的教育和挽救!"2015年8月19日,江苏省淮安市中级人民法院公开开庭审理南京市溧水区原区委书记姜明重婚、受贿案。姜明还称,其之所以贪腐是因为要养"外面的家"经济压力很大。虽然,姜明养"外面的家"并非光彩之事,更不是贪腐的正当理由,但是总归为其贪腐找到了"借口",是因为女人才让其在仕途中慢慢走偏,逐渐沦陷。如果用此来解释其的贪腐之路,笔者认为是避重就轻。

姜明包养情人看似作风问题,实则可以"以小见大"。一方面,一个人的某一行为定是其脑子所思、心里所想,再做出的行动,并且一个人的身心是一个整体,其所有的行为可以看成有机统一体,那么其出现作风问题,一定是"心已坏",所以必定会出现贪腐问题,即便是二者不在同一时间出现,因为"坏心眼"肯定"干不出好事"。另一方面,其自身也应该明白,包养情人的花费是巨大的,并且还想"家妻"与"情人"兼得,那金钱的压力更是巨大,但是其却义无反顾地和情人在一起,说明其早就为自己找好了"后路",也就是早就谋划过"财源滚滚"的方法,只是可能尚存一丝对法纪的敬畏,到万不得已才出手而已。

所以,如果用女人来解释姜明误入歧途,是因果倒置,是忽略了其贪腐的本源。其实所有落马官员,无论他们编出多少贪腐理由,比如为了回馈家庭、为了年迈的父母、为了幼年的子女、为了平衡已失衡的内心,等等,归根结底还是没有守住内心的底线,如果底线失守,贪腐之事也是顺理成章的。

试想一下,如果官员信念如金,有着正确的价值观和人生目标,怎么会将"权钱"之事"看在眼里,放在心里"?对于父母、子女、妻子最好的回报是陪伴,对于心理失衡,最好的解决办法是从人民群众的认可与满意度"扳回一局"。但是姜明及一些贪腐官员却没有这样做。因为他们打心里没有想过,或者想过却不愿意这样做。所以,"治腐""防腐"的解决办法还在于官员"严于律己、严以修身、严以用权"。

三、逻辑规律和常见逻辑错误

(一)逻辑规律

逻辑的基本规律有同一律、矛盾律和排中律三种。

1.同一律

同一律,顾名思义,是在思维和表达的过程中,前后内容中的概念、命题要一致推理过程要保持前后的一致性。如果违背了同一律法则,就会出现"偷换概念""混淆概念""转移论题"和"偷换论题"的逻辑问题。

2.矛盾律

矛盾律,是指相互对立的命题中必有其一是真命题。例如:"张三是一个清清白白的、无罪的人"和"张三是曾经有过一些劣迹的人"这两个命题之间,必有其一是真命题,另外一个则是伪命题。要注意逻辑中矛盾律所指的"矛盾"不同于辩证法中的"矛盾"。辩证法中的矛盾是指事物的两面性对立统一于一个整体,两面性的矛盾运动推动了事物的发展变化。

违反了矛盾律就会犯"自相矛盾"的逻辑错误,这是一种在表述中,概念和概念之间、命题和命题之间相互冲突、对立的情况。例如:我从没有过问此事,只是前段时间侧面打听了一下;这菜我根本没吃,就是尝了一点;其实我们并不是拒绝您的申请,只是觉得您目前的申请理由尚不具备,希望您下次再考虑。

上述表达中前后表述的概念表象不同,但实质是一样的,前后出现了矛盾的说法。

3.排中律

排中律是"二选一"的思维规律,即相互矛盾的、对立的事物之间没有第三种情况。例如,"在今天,主张婚姻父母包办、媒妁之言的思想是进步的,还是退步的"。回答要么进步,要么退步。不可能说既是进步的也是退步的。或者两者都不是。这就犯了排中律。当然,如果现实生活中确实存在两种以上情况的,则不适用于排中律,例如,"我既不支持也不反对此事,保持中间态度"。

(二)其他常见逻辑错误

1.混淆概念和偷换概念

"混淆概念"是指在概念的使用中,将实际表述相近但内涵意义不同的两个概念视作同样的意义。例如,医学上的"抑菌"和"杀菌"是两个不同的概念。"抑菌"只是抑制细菌扩展以及繁殖,并没有彻底杀死细菌的效果;"杀菌"则是深入细菌原殖地彻底铲除细菌,并能发挥一定免疫作用,不易再次复发。如果在医学类节目中,主持人混淆了这两个词,就会贻笑大方,甚至误导观众。另一种情况是将两个或多个内涵意义相近、相似的概念混为一谈,例如"表演者"和"演员"这两个概念有相似之处,但"演员"的概念较之于"表演者"更为正式、职业化和专业化。在一些特定的语境下,两者不能互换。

"偷换概念"是另一种逻辑错误,也是混淆概念的一种表现,是在表述中利用看似相同的概念替换了原来的概念,使内涵意义或者外延发生了变化,从而导致概念所指的实际内容、概念的适用范围等发生改变。

来看几个偷换概念的例子:我真羡慕隔壁刘姐她老公,在大学工作,谁不知道大学教师的待遇好,工作还很自由;你再也不能喝酒了,报纸上都说了,酗酒会损坏身体,严重的还要命;这个县的治安环境很好,已经五年没有凶杀案和盗窃案了;你这样说就不对了,我并没有偷你的东西,只是借用一下,你不能因为我没告诉你就说我是偷窃啊;这个屋子采光不错,白天不用开灯也能看得见。

这些例句里,偷换概念是比较明显的:在大学工作不等于大学教师;喝酒不等于酗酒;没有凶杀和盗窃不等于社会治安好;借和偷有明确的界限,不能混淆;不开灯能看见不等于采光好。

生活中,偷换概念的现象也不少,例如,2014年天津某大学的一个研究团队抛出所谓"方便面比包子还营养"的论调,就是典型的偷换概念。用"三大营养素"偷换了"人体必需营养要素"概念,仅仅从脂肪、蛋白质和碳水化合物的指标比较,得出方便面是营养充足的健康食品,甚至超过了包子。再如,不少商家打出"买一赠一"的促销策略也是利用了偷换概念的方法,前后两个"一"的概念意义大不相同,前者是买的一件商品、后者是一件别的物品(价值往往远远低于所购买的商品)。

2.同语反复和循环定义

同语反复是指在命题中,概念的表述内容直接包含了被定义的概念本身,同一概念词语反复出现在定义项和被定义项。例如:宏伟是指宏伟壮丽的景象;大众传播,就是面向大众进行传播的行为。

同语反复的逻辑错误延伸出的逻辑谬误就是循环定义:用A定义B,又用B来定义A,或者更多的反复项,比如,用A定义B,用B定义C,用C又定义A等。例如:新闻,是新近发生的事实的报道,报道,就是对新闻事实的传播行为;气血不足是中医对人身体运行状态失常的一种症状表述,指的是气虚、血虚、气血亏损,中医所谓的"虚",也就是不足的意思,气虚血虚就会形成气血不足的症状。

同语反复,循环定义使表述看似对概念、定义做了解释、阐述,但实际上并没有真正说清楚。

3.不当列举

不当并列是对事物之间从属、并列、交叉、对立等关系的认知不明、混用。在列举、分类时,标准混乱。例如,以年龄层次为标准的话,可以将人群分为婴儿、幼儿、儿童、少年、青年、中年和老年。在这个并列中,若加入了父辈、祖辈,则是将辈分的标准混入了年龄层标准。青年、中年和老年都可以称父辈,父辈不是一个绝对的年龄层,而是相对的辈分关系称呼。

不当并列是一种较常见的逻辑谬误,其受制于表述者对事物的认知程度。当人们对事物认知不清时,很难察觉这种逻辑谬误。反之,符合逻辑的概念并列,显示了表达者对一个事物性质、种属关系等的全面、深刻、准确的认知,来看下面这个例子——"原生态唱法":带着争议,黯然退场(节选)。

停办一届的CCTV青年歌手电视大奖赛(以下简称"青歌赛"),正在紧锣密鼓地进行半决赛,即将"重燃战火"。日前,组委会公布了第15届青歌赛新规则,取消了原生态组和合唱组,保留了美声组、民族组、流行组。这一举动,让"变脸"后的青歌赛还没正式登场,就引发了诸多关注。

2006年,第12届青歌赛首次增设"原生态唱法",把原生态从民族唱法中单列出来。此举在当时一度引发争议。支持者认为,这样做既能为民族民间文化提供一个展示平台,又能让来自大山、村寨里的歌手出人头地。不过,也有人提出,原生态唱法是没有办法放在一起比赛的,因为没有统一的标准。

歌唱家李谷一就曾表达对"原生态唱法"这个概念的看法:"最初我们界定的原生态唱法,是未经学校学习的、原始的唱法,但现在很多来比赛的'原生态'歌手,都是经过包装的。那么,这个名字还成立吗?"

此番争议持续了整整7年。如今,"原生态"要离开青歌赛的舞台了,各界声音还是不绝于耳。真是带着热议登台亮相,又带着热议黯然退场。

组委会:并不是彻底屏蔽"原生态"领域。

对于今年青歌赛取消"原生态唱法"的原因。青歌赛的总导演秦新民做出了解释。他认为原生态民歌资源是不可再生的,相对有限。从增设"原生态唱法"到现在的几届青歌赛,选手对原生态民歌的各种形态都已经展示得差不多了。此外,各种"非遗"展演以及央视音乐频道、《星光大道》节目等,都是展示原生态音乐很好的平台。因此,青歌赛在这方面的作用可以弱化了。

今年取消"原生态唱法",并不是彻底屏蔽了这个领域。秦新民表示:"取消原生态组并非排斥'原生态唱法'选手,因为就唱法分类而言,民族唱法本身就包括原生态唱法的内容,因此,民族唱法组的比赛设了相应的环节。要求选手掌握所代表省份的民间歌曲并演唱。"

4.转移论题

转移论题的逻辑错误和偷换概念在原理上有相似之处,都是避开原有的关注内容,将话题转移到另外的方面。转移论题是指在思维过程中用另一个相近、相似但不相同的论题替换了原有的论题。

来看这样一个报道,浙江某造纸企业位于春江街道裕丰村,企业因涉嫌不正常使用水污染处理设施,拟被处罚款100万元,是历年来富阳罚款额度最高的企业。今年61岁的陈XX经营这家企业已经有9年,2006年,他的企业建好了污泥回用设施,而且污泥的利用率较高,"这次违法行为如果查实,我也心甘情愿受到处罚,毕竟环保是大问题,关系到子孙后代的幸福。"陈XX说,无论结果怎么样,对企业来说,都是一个深刻的教训。

作为一家造纸企业,不仅要讲经济效益。更要注重社会效益,这样才能促进企业的可持续发展。"按照全市要求,至2015年,我的造纸企业也将面临整治提升,但只要造纸企业生存一天,就要做好一天的环保工作,避免对环境造成破坏。"

从当事人的回答看,似乎已回应了记者的采访并做了积极正面的表态,但深究下去可以发现其出现了转移论题的逻辑问题。从新闻报道来看,被采访人回答的重点应该是回应其具体的违法排放行为及产生原因,并提出具体整改措施。但当事人的回答避开了这些实质性问题,谈论的是空泛的环保意义、概念模糊的整改措施。因为,众所周知的环保意义和一家企业环保具体措施缺漏,经济和社会效益同时注重的企业大原则和一家造纸企业具体整改计划、落实步骤,并不是同一个论题。

四、主持人逻辑思维

主持人的语言活动是围绕两条主线展开的:节目驾驭和信息传播。这两条主线决定了主持人的角色特点:节目的驾驭者和媒体传播者。这两个角色特点决定了主持人的语言主要是工具性的。工具性的核心是达到传播目的和播出预期,这就要求主持人必须有较强的逻辑性,尤其是在新闻类节目中,主持人的语言更是需要逻辑严密,条理清晰。

主持人需要形成逻辑思维的基本意识,在表达中体现逻辑性和思辨性。主持人应该从传统形式逻辑入手,建立"概念""命题"和"推理"的意识,从逻辑思维角度观察并分析日常语言活动和大众传媒的语言现象,形成逻辑分析和思维习惯。在此基础上,增强思维的条理性、逻辑性、进而形成逻辑清晰、条理分明,具有逻辑力量的语言表达能力。

第二节 逻辑思维案例分析

语言中的逻辑性体现为用语上选择了准确的、清晰的概念,对所提及、描述的对象界定清晰、命题准确,在叙述事物,理性推导时,尊重事物发展变化的规律,在论证说明一个道理、一种现象、一件事物时,前后概念一致,推理合规。因此,一篇逻辑严密的文章、一次逻辑性强的谈话、一段逻辑关系紧密的演讲有着很强的说服力,让读者、听众甚至反对者难以反驳。古今中外,在政治、经济、文化等各个领域都出现过语言表达逻辑性、说服力强的名家。

第三节 逻辑思维练习

一、总体要求

第一,"概念"的内涵把握准确,具体语言选择恰当,表达正确。

第二,"命题"真实,表述流畅、简洁、清晰,限定词选择适宜。

第三,"推理"的逻辑形式正确,逻辑结构相对完整;推理中起连接作用的词语运用得当;能够熟练运用多种推理方式对问题进行说明和论述。

第四,整体表达具有形象性基础、情感基础,做到"形理并举""形理交融"。

二、练习部分

(一)概念辨析

比较分析下列每组概念的异同。表达时注意语言简明、准确,注重对概念内涵和外延的清晰表述,以及对表达内容层次关系的处理和整体结构的把握。

两词辨析组参考:①反应,反映;②前途,前程;③嘲笑,嘲弄;④协调,谐调;⑤战斗,战役;⑥矫正,校正;⑦兴趣,乐趣;⑧胜利,凯旋。

(二)因果关系推理和表达

1.一因多果

对一种原因可能或是现实中已经造成的结果做分析,进行相对全面的分析和总结。在分析结果时,注意题目给出的限定条件,在符合生活逻辑、情理逻辑的前提下,可以做合理推测。

2.多因一果

对造成结果的多种原因做逻辑推理,找出各方面可能的原因,并给出合理的解释和论证。

(三)因果关系接龙练习

凡事都有因必有果。一种原因其实又是另一个原因的结果,如此循环往复,构成现实世界。在这个练习中,采用课堂因果接龙的形式,练习对事物产生、发展、变化原因的分析和表达,注重使用逻辑推理对因果关系进行分析。因果接龙练习中要注意,事物产生的原因是多种多样的,有主要次要、直接间接、本质表面、内部外部,客观主观等多种划分的依据,分析和表达时要注意用词用语准确。

(四)简单逻辑推理和表达

请就下列表述做出判断,并简述理由,注意推理的缜密和用语的简练。①一个小偷行窃时被发现,在逃跑中慌不择路,跳入河中。河道两岸有数百人围观,但是由于知道其是小偷,便无人救助,甚至还有人喊活该、淹死他等,最终由于无人救助,小偷溺亡。这个结局你怎么看?②屠呦呦获得诺贝尔奖之后,在国内外引起强烈反响。请分析屠呦呦的获奖对国内民众的相关观念会有什么影响,为什么?③上海、大连等地出现了比一般车位大的"女性停车位",这是否为性别歧视?为什么?如果不是,你怎么评价?④为什么各地各类选美比赛几乎是"女性"选美,男性极少?⑤天灾面前,公布若干知名企业的捐款数额,对捐款少、未捐款的企业进行舆论谴责、言论声讨,这种行为是一种典型的"道德绑架"。

(五)命题表达

此处的命题表达,内容以理论推导为主,可以有适当的实例。表达时,充分运用逻辑的推理,强化思辨性语言特色。

(六)案例分析和表达

故事案例——免费啤酒。

有一个旅行者经过长途跋涉,又饥又渴,步履艰难地走进了一家酒店。

"老板,请问夹肉面包多少钱一份?"

"五先令一份,先生!"

"请给我拿两份。"老板给了旅行者两份夹肉面包。

旅行者又问:"请问,黑啤酒多少钱一瓶?"

"十先令一瓶,先生!"

"现在我感到渴比饿厉害,我想用两份夹肉面包换一瓶黑啤酒可以吗?

老板。"

"当然可以。"老板爽快地说。

老板收起了面包,拿来一瓶黑啤酒,旅行者一饮而尽,嘴巴一擦,然后背起背包就要离开。

老板急忙叫住他。客气地说:"先生……"

旅行者打断了老板的话,不耐烦地说:"难道非要我在这里住下?"

"不,先生,您还没有付啤酒钱呢?"

"我不是用夹肉面包换的吗?"

"可是面包钱您也没付啊,先生!"

"我没有吃你的面包,为什么要我付面包的钱啊?"[①]

"是啊,他没有吃我的面包。"老板想,一时竟找不出对方的差错,听任旅行者扬长而去。

请分析这则故事里,旅行者和老板的对话有什么样的逻辑谬误没被发现,导致了老板听任旅行者扬长而去。做一段完整的、逻辑顺畅、表达准确清晰的口语表达。

请在《福尔摩斯探案集》的"回忆录系列""冒险史系列""归来记""新探案"四个部分中,任选一个故事,例如《银色马》《红发会》《三角墙山庄》等,熟悉故事经过,重点分析福尔摩斯对案件的推理过程。之后结合逻辑推理方法、规律,用自己的语言将福尔摩斯的案件分析过程叙述出来。

选择一档访谈节目或脱口秀节目,截取一段对话,分析主持人的逻辑思维过程并表达出来。

(七)新闻评辩

新闻评辩训练是就具有典型意义的新闻事实、新闻现象进行评价、辩论的思维和表达训练,考查和检验对信息掌握的准确度,对事实关系把握的清晰度和对新闻相关事物间逻辑关系梳理的透彻度。通过正反方同学的评辩,达到全面、透彻、清晰地分析一则信息、一个事实、一种现象、一种观点的目的,提升理性思辨能力和语言组织表达能力。

练习方法:2~3人一组组成评辩组,每次评辩两组人参加。两组同学针对一条新闻事实、一种新闻现象或舆论观点,分别持支持、赞同、拥护、反对,拒绝、否定的态度,分出正负两组。每一组同学首先对新闻进行评

[①] 赵宇. 浅谈播音主持过程中思维能力的重要性[J]. 中国报业,2013(06):84.

论,然后两组就对方和我方观点开始辩论。评辩时的辩论以"自由辩论"形式为主。

与一般辩论赛不同的是,①双方没有固定时间限定,不存在超时规定。②发言先后顺序不固定,可以由任何一方首先发言。③论辩不设置裁判、主席,教师在其中主要做引导、提醒和答疑工作,例如及时纠正某些学生的认知错误、对某些信息错误或遗漏做及时补充等。④评辩目的不是压倒对方取胜,而是通过两方的论辩,达到对问题深入、透彻、全面分析的目的。因而论辩结果可能是一方说服另一方,也可能是双方都认可对方观点,同时也保留自己的观点,还可能是双方通过论辩达成新的共识,有别于之前所持观点。⑤在评价和辩论阶段,重点是清楚表述逻辑推理过程,注重对相关概念、命题和推理的清晰、准确表达。

材料1:深圳6平方米"鸽子笼"叫卖88万元。

《深圳晚报》讯(记者程安逸)日前,深圳现6平方米小户型的消息被不少媒体曝光,该消息受到诸多质疑。昨日,网络曝出深圳6平方米"鸽子笼"户型样板间对外开放,价格88万的精装级小户型号称"中国空前,深圳绝版"。《深圳晚报》记者了解到,6平方米小户型真的存在,而且连房产证都有!

据悉。这个神奇的楼盘叫侨城尚寓,它位于南山区华侨城沙河东路与新中路交会处,楼盘的地理位置不错,距离地铁1号线白石洲站不远,且周边楼盘均为豪宅。

根据之前的报道,该栋楼盘共有168套公寓,以35平方米和45平方米户型为主。最奇葩的是,楼盘从6楼到15楼,几乎每一层楼都有一套面积大约6.61平方米的极小户型。每一套的单位面积还有一定差别,比如6.61平方米、6.74平方米、6.68平方米、7.48平方米不等,最小的竟然只有5.73平方米。

针对许多网友对"6平方米房子根本不可能办理房产证"的质疑。记者了解到,售卖的6平方米小户型确有红本房产证。房产证登记信息显示:这套房子实际产权面积是6.68平方米,1998年的土地使用权证,70年产权。属于标准的限购限贷住宅类产品。该售楼处销售员解释,如今的政策是,如果一套房小于20平方米,产权登记中心有权拒绝发证,但这9套房,每一套都有红本房产证。

《深圳晚报》记者日前向深圳市规划和国土资源委员会南山管理局证实。该项目为深圳市某资本有限公司向个人业主购买,经重新装修后再向社会销售。该房地产买卖行为属于房地产市场三级转让行为,即俗称的二手房交易。不属违规行为。

该新闻正反方观点可以做如下划分。

正方:欢迎这样的商品房,因为其给一般收入人群圆了有房梦,缓解了购房压力,同时高效利用了土地。

反方:不该建如此商品房,一方面不适合长期居住,容易造成心理压抑性疾病;另一方面,居住密度增加会给原本就人满为患的城市带来更大的人口压力。

材料2:高考658分,填志愿与老爸起分歧出走。

随着高考成绩的揭晓,各地考生和家长纷纷投入"高考志愿填报大战"。家住大渡口的考生小张(化名)最近就特别苦恼,虽然考出658的高分,但为了填报自己中意的学校与父亲发生分歧,最后竟然选择离家出走。好在父亲报警及时,在外流浪了一夜的小张在轻轨站被找到。昨日,《重庆时报》记者从大渡口警方了解到,仅上周就接到不少于5起类似报警。警方提醒,家长与考生填报志愿遇分歧时一定要"冷思考",避免酿成悲剧。

考高分却起了争执。6月28日早上8点,跃进村派出所值班室来了一位中年人,一进门就大声地让民警快点帮他找孩子。说完,他一直抱怨自己为什么要这么冲动。民警经过仔细询问才知道,中年男子姓张,儿子小张今年19岁,刚参加完高考,理科成绩658分。儿子考高分,本是让人高兴的事,但父子俩却在高考填报志愿时起了分歧。父亲老张倾向东南大学,小张希望报考西安一所大学,谁也劝服不了谁。6月27日晚,老张带着小张到朋友家去"取经"。本来是想让小张拓宽下思路,以便选择合适的学校。但小张很是反感,也表现得非常抗拒。回家后。意见不同的两人再次因为填报志愿的问题发生争吵,这时哈尔滨某大学招生办的老师给小张打电话,欢迎小张报考该校。小张正在气头上。直接回复"我才不去你们那傻学校"。听到小张这样回答招生老师的话,老张是彻底被激怒了,一气之下老张就直接将儿子按在床上开打。没打几下,小张就趁父亲不注意跑了。

彻夜未归父亲求助警方寻人。刚开始老张也不觉得会出什么事，小张算是典型的乖学生，不上网不早恋，成绩还挺好。想着过会儿他肯定能回来。没想到，当日过了12点，儿子还是没回家，这下夫妻俩着急了，而儿子的手机、眼镜都放在家里，身上也没多少钱，外面还下着雨。夫妻俩一夜没睡，把能想到的亲戚朋友和认识的家长都问了，还是没有儿子的消息。6月28日是高考填报志愿的最后一天，如果再找不到儿子，那儿子这些年的努力就都全废了。一大早，老张就跑到派出所，希望民警能够帮助他找回儿子。民警让老张立即给孩子的班主任打电话，让班主任在班级群里发布信息，寻求帮助。9点多，妻子打来电话，说儿子已经回家了。原来，小张在同学群里看到父亲正在寻找自己，也意识到自己有些冲动，在老师同学的劝说下，这才回到家中。

最终他如愿填报了中意的大学。事后，小张告诉民警，负气从家里出走后，身上没有带好多钱，又没有手机，只能在街上瞎逛。后来，他沿着轻轨线路直接就走到了杨家坪，困了就在路边的椅子上躺着睡了一觉。"谢天谢地，没事就好。"听到儿子在外头露宿街头。老张后怕不已，意识到幸亏儿子没发生意外，不然后悔都来不及。昨日，大渡口跃进村派出所民警茅新新告诉《重庆时报》记者，看到父子俩都已经释怀后，民警又结合自己考大学时候的亲身经历，与小张分享了填志愿应该注意的事项，以及如何选专业和如何规划自己的人生方向。同时，民警还劝说老张，学校重要，专业重要，但孩子的兴趣和天赋更重要。最终，小张如愿报考了西安一所大学。

大渡口一周至少5个类似报警：高考结束后，特别是考试成绩公布以后，这种因填志愿或者是否明年再考、是否继续读书等引发的家庭矛盾明显增加。据大渡口警方不完全统计，仅仅上周就接到不少于5起类似的报警，考得好的要离家出走，考得不好的也要离家出走，最根本的原因就是两代人的沟通存在问题。民警提醒家长朋友，高考学生大都是成年人，已经具有完整独立的意识。家长在与孩子的沟通过程中一定要注意方式和方法，否则极易引起孩子的逆反心理，造成不良后果。同时，民警也希望孩子们不要太任性，多理解和体谅父母。

第七章 融媒体时代播音主持教学思维实例研究

第一节 先学到后导:教学思维初步转型

教学正是教与学的结合,随着教师的教与学生的学,逐渐地从以教师为主体到以学生为主体的课堂模式。教师应该建构足够能适应时代发展的全新的教学思维模式,从教师单纯地对知识进行传递到教学思维转向知识建构式的方式。这个转换的过程是需要教师能充分地转换思维的。尤其针对大学生来说,教师已经不再是高中教师那种授课的方式,尤其在播音主持的课堂上,教师要能充分地调动学生自主学习的积极性,真正地能让学生在基础知识到能动知识之间进行合理地转换。教师不仅要关注知识技能教学,更要引导学生学会学习。通过近几年在教学上的研究,众多的大学生在自主学习上还是存在一定的被动性,而且有一部分学生对学习的目标不明确,在学校内没有目标,脱离了高中课堂以教师为主体的教学模式后,学生则迷失了方向,教师不告诉如何学,学生就会选择放弃或者被动学习。这个时候,面对现如今全部是"95后"、"00后"的大学生,他们的学习思维与以往的学生存在一定的差异,要能充分地调动他们学习的积极性,帮助树立正确的学习目标,提高终身学习能力。

观念决定了思维,思维又决定着行为。具有什么样的思维就会养成什么样的学习习惯。在长期的教学实践中教师已经逐渐地形成了一种约定俗成的教学思维,而这种传统的教学思维成为教师之间固定性的一种思维方式,养成了具有思维定式的传统的教学理念,对于传统教学来说,问题不大。因为在教师的心中,他们的老师就是这样教授,而我这样进行教授学生,并不会出现教学上的问题。但是随着教的课堂逐渐地向学的课堂过度,逐步实现了转型的趋势。学生逐渐地甚至已经成为主体。对于播音与主持专业而言,在吉林艺术学院戏剧影视学院中播音与主持专业在进行授课的过程中,正是要通过小班授课的方式,每位教师只教授一个小组,一小组固定大概人数在10人左右。教师能真正地做到一对一地进行辅导和教学。传统的方式有传统的好处,可以更加清晰、准确,同时也能保证课堂的纪律,对于教师授课来说具有一定的保障。但是,全新的教学课堂出现后,针对中小学、高中而言,都要充分地调动学生学习的积极性,要能让他们真正地意识到如何运用知识去进行实践操作。大学的课堂更应如此,告别传统教学观念,走出传统教学思维,走向符合融媒体的教学思维。

融媒体形式的不断发展,当今社会中传统媒体已经和融媒体得到了充分的融合。教学中逐渐地融合了全新的媒介形式,并在新媒介的视角下,运用媒介复合型复杂的特征,对融媒体工作人员提出了全新的、高标准的要求。既然大环境视域下竞争针对大学生全新的自主学习的培养的过程中,更需要这样的较为成熟的发展模式,要能真正地让他们意识到,学是为什么,学的是什么;教师要明确,教的是什么,教是为了什么。

先学到后导,教师从传统教学模式逐渐转变为具有新思路、新思维的教学思维模式。在这里的先学后导,先学指的是师生先学而不是单纯的学生先学;后导不是指教师单独后导,而是指学生之间、师生之间进行的后导,并且是以提出问题,解决问题的方式进行教学。在这个过程中,教师要换一种全新的教学模式,比如播音与主持专业,传统的教学模式,在第一学期学习基础语音知识的时候,教师传统的教学模式是要打牢学生的基础。在学习绕口令的环节,教师会先进行知识的导入—讲授知识点—巩固练习—布置作业。这样的流程通常情况下是教师们共同应用的。第二天课堂上会进行旧知识的回课—新知识的引入—复习练习巩固—布置作业。这样的形式,成为传统教学法中最为基本的教学模式。先学后导的这个过程正是要求学生和教师共同走出传统教学模式存在的误区,能真正地适应时代的发展。学生在进行课前学习的同时,就要进行提前的预习,这样充分地调动了学生学习的积极性。在以往传统教学中,学生单纯地就是听老师进行授课,并不会去思考过多的内容,教师教我就学,教师不提我就不会。而先学后导是在提出问题的前提下进行的,共同就其中的某一个问题进行讨论和学习,加深了对知识的印象,又能掌握更深层次的内容。

一、打牢理论基础

理论基础知识的学习对于播音与主持专业的教学来说尤为重要,一切播音技巧的运用都是在理论知识的基础前提下才能更好地掌握,就吉林艺术学院戏剧影视学院播音与主持专业的课程设置上来说,理论基础知识占据了大一整个学期,并且播音基础理论知识将会贯穿四个学期,让学生在进行学习后续知识内容的时候,能建构完整的知识体系。能对理论基础知识明确认识,高度重视。其中专业理论基础知识的课程《汉语普通话语言语音基础》被评为了省教育厅的省精品课程。足以见得,在打牢理论基础这方面吉林艺术学院戏剧影视学院在播音与主持专业上实施地极好,并能培养学生的学习兴趣。在先学后导的全新的教学思维下,让学生能时刻牢记专业基础课程对日后学习的重要性。

先学后导的全新教学思维模式,教学思维已经开始逐渐地转型。吉林艺术学院的播音专业在课程设置上分成了专业基础课和专业课两个课程模块,而这两个课程模块又分别具有不同的作用。专业基础课模块就是主要集中于播音专业的基础理论课程,打牢打扎实基础课。专业课则是集中于实践类型的课程,在这部分将会将理论基础知识和实践相互结合,从而能检验基础知识掌握的程度。[1]

先学后导的全新教学思维,正是在教学实践中不断进行实践、检验,以期更好地为学生提供新思路。这也是师生共同发展、共同进步的过程。在现如今的吉林艺术学院播音专业的教学实践中,对基础知识极为重视,从绕口令的练习、贯口的练习,要求学生能真正地掌握到位。从每天的早功开始,就实行了先学后导的教学思维。教师在进行绕口令、贯口的学习前要对所要的内容进行全新的思路整理,而学生要在课前进行预习,带着问题进行预习。有一些同学的语言面貌存在问题,自身存在对语音发音不够标准的现象,这就需要在预习前进行标注。教师带着问题,学生带着疑问,共同走进课堂。在课堂中,再由教师进行示范,通过教师的示范,学生基本掌握了方式方法,以此能先自主进行纠正,自己无法纠正的音,寻求教师的帮助,共同改进。这样的一个先学后导的过程,让学生能充分地参与其中。而当一学期结束后,还会组织学生进行专业课程的汇报演出工

---

[1] 姚忠呈. 新时代融媒体环境下播音主持专业教学问题探究[J]. 江西电力职业技术学院学报,2020,33(10):34-35.

作,演出是为了能让学生意识到基础知识同等重要,并且可以说是极为重要的内容,这就好比楼房的地基,打下怎样的基础日后就会有多大的收获。

先学后导是教师转变教学思维的初步,转型需要教师能有足够的意识,同时又要有足够的信心,坚信全新的教学模式能为学生带来更好地学习效果。

二、转变学习方式

先学后导这种全新的思维模式并非完全针对教师,对学生的学习也是要转变传统的学习方式,只有跟随着教师共同转变,才能更好地适应教师全新的教学模式。我们从小到大,在传统学校学习的过程中,都是教师为主导地位,教师进行知识的传授,学生进行知识的接收。而当我们脱离了传统的课堂,来到了艺术学校学习播音主持专业,需要选择性的摒弃传统的、死板的学习方法,要能不断地根据时代的需求提高和转变学习方式。

例如新型的FM电台、网络直播平台、微视频平台等。其中2017年直播平台用户量已经达到了4亿,在线平台数量已经突破400家,运用十分普及,学生可以有针对性地去下载更适合自己学习环境的平台进行学习的实战应用。更有利于改善学生的怯场心态,找出自己的不足,并在适当的学习时间节点进行公开直播,尝试多面对课堂以外的观众,并起到提前为自己进行宣传的作用,甚至是潜在的锻炼机会。

融媒体的学习方式不受教学时间段、场所、环境的限制,原本属于广播电视特有的直播平台,在移动互联网的推动下,可做到人人利用。FM电台、直播平台、微视频的运用可更有效的帮助导师对学生作业进行管理和点评,也可以深化学生之间的学习互动,将融媒体工具和传统教学理念无缝衔接,就先学后导的教学思维,学生通过录制视频作业,同时规避了学生不愿意去提出问题的弊端,在作业过程中就直观地了解了自己的不足之处,从而纠正了教什么就学什么,也并不会去质疑错误学习方式。先学后导的全新教学思维,视频影像资料的呈现让学生自主地发现了问题。在实战学习运用之中,比如学习贯口,教师给出的作业则是要求学生课前进行自己的贯口录制,学生会在录制过程之中发现自己在气息,节奏,连贯性以及轻重缓急所存在的问题,学生自然会带着疑问到课堂上。大幅度提高了课堂的教学效率。教师从而进行相关教学,一段学习的周期之后,教师给出的作业,则是要求学生进行自己的改编,贯口的形式要和所学的形式一致,但是内容要是自己进行原创的。在这样的练习上,就需要学生能提出问题,先学则占据了很大的比例,再通过教师的总结、引导、辅助,使得学生带着思考去学习、去钻研。

先学后导这种教学思维,可以说促进了教师和学生的共同成长。教师能在先学后导中看到学生存在的问题,并能根据学生的先学初步掌握学生的学习状态、学习内容、掌握的多与少。而学生则能在先学中找到学习的突破口,带着问题去学习,促进了学生的进步。课堂本身就不是教师一个人的课堂,是需要师生共同配合,方能促进其和谐的发展。这种思维方式从某种程度上来说,学生更易于接受。主要是因为学生接触的新媒体较多,能更好更快地与融媒体相互沟通、作用。但是,对于教师来说,却还是有一定难度的,因为长期以来老师们已经形成了固有的习惯,习惯性的教学思维,是希望老师们能坚定信心,用心地在教学,只有这样才能收获成绩。

第二节 知识到灵力:教学思维再度转型

一般来说,在教学的主体中教师和学生都会存在一定的固有思维。传统的教学就是教师教授,学生学习。这似乎是一个不变的原则,多年以来无论是在什么学科的课堂上,师生之间一直默契地遵守着传统的教学模式。面对播音主持专业,这样一门实践性极强的专业,单纯地学习知识对日后的工作只能起到一定的基础,但会使得学生脱离实际,理论知识和实践无法结合这样的情况。学习是永无止境的,正如老话所说,人要活到老学到老,这就表明了知识是无法在一个阶段全部学完的。而对于播音主持专业来说,只掌握基础知识,是无法胜任日后的实际工作的。从知识到能力,则是教学思维的再度转型,并在这个转型的过程中,教师要转变教学思想,让学生能在教师的引导下,掌握技能,学会如何去学习。

长期以来,传统的教学在播音主持教学中也同样适用,并被众多的教师应用于课堂之上。播音主持的课堂上,纯实践性的知识和理论,学生都会亲自进行互相监督式的学习。从知识的传授到问题式的学习,让学生在学习的过程中不断地去思考。教师在思考的过程中,要思考在传统教学模式下让学生已经对学习失去了原有的兴趣。教师让学生学会如何掌握能力,这正是从知识到能力的过程,那么这个能力就播音与主持专业的学生而言,需要掌握如下能力:如注重个性的培养、团队意识的树立、媒介素养的培养、创新人才的培养。本小节将针对教学思维的再转型进行进一步的研究和阐述。

一、注重个性的培养

任何艺术类都会讲究其个性,学习播音与主持专业更需要个性的培养。任何一档电视节目,无论是传统媒体还是新媒体,都会有一个主持人,而这名主持人又是代表着该档节目。现如今,节目都讲究其个性化、品牌化,而在品牌化的发展过程中,主持人的个性化和品牌化则是不容忽视的问题。

教师在进行个性的培养时,更是要将教学从"传授知识"到"问题学习"。对于播音专业的学生而言,提出问题对解决问题有着至关重要的作用。而个性化的培养并不容易,一个人的个性化并不代表着这种个性化可以直接应用于电视节目中。这种个性化既要符合个人自身的气质,又要符合融媒体的视角。学生从大一的基础学习直到大三、大四的实践应用过程中,老师应该着重对学生的个性化进行培养,善于发现学生的个性特质,并准确引导其发展方向,有意识地鼓励学生对自己知识面的多元化全面提升,例如新闻、体育、综艺、电竞、广播领域的认识拓展。

随着我国电视、网络的发展,其快速程度呈现出我国未来主持人的发展方向,在大量新式媒介出现的环境下,对于播音主持人员的要求也变得越来越多样化、复杂化,如果还依然按照旧有的方式进行播音人才的培养,则会导致学生无法发挥各自的专长,也就无法发挥他们的个性化。教学思维的再转型,从掌握知识到掌握能力的过程,自是让学生能掌握如何让自己变得更加优秀、更具有个性化的一个能力。学习到这个能力才是终身受用,学会了这个能力才能让学生在日后的工作中善于运用和发挥自己的专长。

二、团队意识的树立

播音主持专业需要学生具备极强的实际操作的专业技能,又能具备流利的表达能力,同时还要具备一定的团队合作意识。树立良好的团队意识,掌握该项技能,对播音与主持的学生来说至关重要。①

教师在教学中要让学生能够树立一个意识,主持人并不是一个个体,个人能力的强大、个人个性化的确立并不能完全地代表整个节目,主持人是这个团队中的一员,众多的节目都是由团队进行制作完成,在节目中从前期的策划、到中期的拍摄、再到后期的合成,这些都需要整个团队共同协作完成,团队意识的提高方能带动整个团队的成功。用传统方式和融媒体工具,教师要在平日的授课中,让学生能不断地进行团队协作。比如在吉林艺术学院的播音与主持专业的采编播方向,主要是培养记者,记者在进行工作中必须进行团队的协作。那在平日的训练中,则会给学生留下相关的作业,将小组分成若干个小组,让他们共同去拍摄作业,作业的内容分为了专题报道、深度报道。在这个过程中,让学生学会处理团队关系的能力。

三、媒介素养的培养

媒介素养的培养是教师在转换思维的过程中,需要培养学生掌握的第三个技能。媒介素养的培养,在日后学生走向工作岗位尤为重要,众多学者在研究的过程中反复地强调媒介从业人员要具备较高的专业素养、知识结构和职业素养。

同样,互联网正在日益影响着人们的生活和工作。与此同时,越来越多的人跻身于播音主持专业的队伍中。然而,由于互联网的门槛较低,宽容度较高,无论是否具备专业知识都可以从事主持人这一职业。这也就造成了许多非科班出身的人进入到这个领域里,但是由于不是科班出身,专业素养和媒介素养有很大的差异。而教师在进行培养的过程中,要让学生了解当下媒介发展的一个趋势,要让学生能够掌握媒介的各个功能和应如何发展。

在学校的实践课程中,正是将专业知识与专业技能相互结合,吉林艺

---

①吴郁. 主持人思维与语言能力训练路径 修订版[M]. 北京:中国广播电视出版社,2013.

术学院的播音专业正是构建了理论与实践紧密结合、课内播音与主持艺术实践教学与课外多种实践活动相互融通的特色实践教学体系。而这个教学体系的建立正是让学生在实践中检验学习到的知识，在实践中让学生能了解应具备怎样的媒介素养和应具备怎样的知识结构。

四、创新人才的培养

所谓创新人才，就是要具备一定的创新性的思维，要能在快速发展、日新月异的今天，在某一个行业或者某一个领域做出一定贡献的人。在高校中培养有专门业务能力的创新人才，一方面是鼓励教师能有针对性地进行教学培养，另一方面是鼓励学生能术业有专攻，真正地在播音与主持这一行业中占据突出位置。而在播音主持创新人才的培养过程中，需要在培养的过程中更多地注重个性化的发展。

吉林艺术学院已经开启了创新人才的培养和选拔活动，并同时培养他们的独创性、个性化的创造能力以及能够提出、解决问题的能力。播音主持专业的学生，不应只是单纯地局限于专业知识的学习，还应不断地培养自己在各方面的能力，架构一个完善的知识体系，不断地创新，创造出更多具有个性化的节目形式。例如充分利用校园电视台，采取轮班制度，积极调动学生的参与热情和节目制作的积极性，并将制作好的节目同步到校园微信公众号并实时推送，制作节目致力于创新人才的培养，内容根据学生的个人喜好进行制作，在这个过程当中不断地让学生自我创新，教师也应该积极参与收看学生制作的节目并提出指导意见，做到真正的教学相长。在创新人才培养的过程中，应力争在教师的教学思想上不断地改变，培养学生学习的能力，并善于运用实践教学，以提高人才培养的质量。

第三节 传递到建构：教学思维深度转型

一、播音与主持教学的"互联网+"思维

教师教学思维深度转型正是要经历上述两个初步和发展的阶段，而教师教学思维的转变要能不断地适应时代的发展，教师在当下的任务就是要能从流程式的教学中逐渐走出套路化,逐渐走向内涵式的构建型学习。课堂上,教师进行教学时针对互联网的使用,需要从一个较新的观点进入,需要能将多个学科相互融合,更好地使播音与主持的教学工作不单纯地局限于吐字归音的练习上,而是要能将这个教学与融媒体融合发展,互动互融。在这里,播音与主持教学要能具备:"互联网"思维,互联网思维现如今无论是教师的教学抑或主持人在进行节目的主持都需要具备的一种能力。纵观现在的新媒体平台,推出了众多的互联网视频,在互联网视频节目中主持人的语言技巧与传统媒体的语言有着较大的差异性。而在互联网视频中则要求主持人能具备互联网思维。行业要求需要主持人能具备这样的能力和思维,教学中如果教师能在授课时,将这种互联网思维贯穿于整个课堂中,学生能在最初的学习中对思维构建得更为合理。

吉林艺术学院播音与主持专业分为了两个专业方向,其中包含主持与播音方向和采编播方向。而在开设课程设置上采编播方向中有一门课程《思维训练》,这门课程的开设正是为了能够丰富和挖掘学生的思维能力,从开发思维到训练思维,融入了全新的思维方法的训练等内容,这门课程的开设可以说为整个学生思维的发散起到了积极的作用,与此同时,在课程中这样的融入也能够更快速地打开学生的思维,从而让学生能够更快速地接受互联网思维,教师的互联网思维的运用,其目的就是为了能够充分地丰富课堂内容,也能丰富学生们的创新性和创造性。这样课程的开设也是给予了更多教师的思路,拓展思路是为了能够更好地挖掘学生的互联网思维。

教师在构建互联网思维教学时,要能充分运用互联网平台和移动设备。要能让学生充分地运用这些设备,让学生跳出移动设备只能进行网游的功能。教师可以通过手机等移动终端进行备课,同时教师还可以借助多种新媒体软件,力图能将新媒体软件或者是平台在专业课堂上被充分利用,其目的是提高教学质量、丰富教学内容,而非分散教学思路。教师要能拓宽自己的思维方式,对现有的融媒体软件、平台能充分运用。

在播音主持教学中,学生可以运用多种新媒体的设备,在运用新媒体设备的同时,能将这些设备完美地与传统媒体相互结合,比如可以运用相关的配音APP,或者是视频的展示,也让学生充分提高了自身的动手能力、互动能力。现如今,学生毕业后未必都会百分之百进入到传统媒体工作,好多学生会选择在自媒体平台工作。而自媒体平台的互联网思维则尤为重要,目前公众号、微博、今日头条等平台的出现,为众多学生的职业给出了另外一条方向,这个方向要求学生具备更多的素养和能力,而一部分学生将来会从事融媒体工作,例如在新闻写作课程的讲授中,教师就要将教学思维进行转变,加入更多的"互联网+"思维,要从新闻标题的写作入手,教授给学生传统媒体的新闻写作和互联网的新闻写作截然不同。互联网思维,无论对教师而言,还是对学生而言,都是至关重要的。

二、重视思维开发的挖掘与训练

教师在进行教学中,要重视思维的开发,对学生进行思维开发的深入挖掘和训练。吉林艺术学院播音与主持专业致力于主持人的思维训练课程。其课程在进行设置时,目的就是要让学生能摆脱固有思维,不断地运用发散思维和抽象思维应用于日后的实践工作中。

纵观传统媒体和融媒体的发展,思维的能力很重要,将来播音专业的学生并非单纯地从事新闻播音,还有很多的学生可能要从事新闻专业的其他工作,这些工作都需要摆脱固定思维,拥有发散思维。教师重视学生的思维开发,在讲授课程的时候则要不断地在实践中有意识地去培养他们这样的思维能力。

学生将来会可能从事记者这样的一个职业,记者是无论传统媒体还是融媒体都需要的一个职业。在进行采访的过程中,无论是短消息的报道还是深度报道,都需要学生能培养自己对问题的发散思维能力,不能固守原有的思维方式去看待新闻事件。深度报道就是讲人和事发生的故事,而会讲故事,怎样讲故事,如何将故事讲得生动,这就是记者的能力。如何用细节描写去描述故事中的人,事件如何能描述得更加生动,这就需要主持人具备一定的思维能力。变换不同的思维,则在看待问题时,有了更加深入的思维方法,不同的方法也就会形成不同的关注点,报道出的内容、主题、结构也就与大家的观点不同。比如大家都去报道网络游戏,而有一个记者报道的就是关于网络游戏升华到了金钱控制这样的报道,与以往大家的报道截然不同,这样的报道可以说给人留下了深刻的印象。这就是不同的思维,就有了不同的角度,报道出的内容也就截然不同。[①]

[①]朱兰欣.融媒体时代下播音主持专业教学方向的新定位[J].新闻研究导刊,2020,11(03):122-123.

教师针对不同学生的个性化,去进行有目的的培养。根据他们的思维方式、思维中欠缺的内容进行有的放矢的培养。力求能将学生的思维得到深入地挖掘,能在不断地练习中,培养他们思考问题更加全面的能力。这是一种能力的培养,学生只有掌握了充足的知识储备,方能应对日后发展中遇到的诸多问题,逐渐在实践中磨炼自我,成为一个全面发展的主持人。

三、情境教学思维的引入

传统教学有一定的优势也有一定的缺点,在随着融媒体的应用中,传统教学的缺点则越发突出。传统教学以教师讲授为主体,学生的学习则变成的是静态学习,情境教学思维的引入,让学生能从静态学习逐步转变为动态学习。

静态学习让学生长时间保持一种学习方式,这种方式就像是约定俗成的一样,而学生由于一直处于静态的学习状态,思维也成为静态式的。就会对学习的内容产生惰性,久而久之在这诸多的规矩下,教师的授课则会逐渐地在规矩下失去了生动,失去了趣味性。课堂中我们讲究的是教师和学生之间要能是互动的,学生要能充分的意识和感受到这种氛围,才能在课堂的学习中,愿意去调动自己的思维,跟随教师的课堂进行分析、学习、总结。

动态学习是教师打破常态的一种方式,在播音与主持的教学中,吉林艺术学院的教师将会充分调动学生的积极性。在此将情境教学引入到了课堂中,将电视台的节目录制搬到教学中,让学生能不出门即感受到节目录制现场的氛围。在高年级的课程设置上大多是实践课程,需要在实践中检验理论知识。那么在节目主持和广播节目主持中,教师要将学生的能动性充分调动起来。节目的录制现场,要将情境引入到教学中,同时在录制中学生之间要紧密配合,有的当观众,有的评委,有的嘉宾等。在这个融合的环境下,学生之间的协助、沟通,使情境更加逼真,让学生在实践中切身感受到,制作一档节目应该具备怎样的思维方式和沟通方式。教师在这里,以一个旁观者的角度,用更为客观的视角去观看学生制作的节目,教师这时可以是一名嘉宾或者是一名观众,从另一个侧面感受学生的节目是否符合大众的需求,是否适合现如今的社会环境。

在播音教学过程中,融入了情景教学的教学方法,学生会通过制作节目的过程中真正地形成一个自主学习的过程。将电视台的节目真正地搬到教学课堂中,使得学生能够从节目的前期策划、选题、实行、采访、录制、剪辑,以及在融媒体上的播放,这个全方位的过程正是通过学生将电视台制作节目的情境,引入到教学中,充分地提升了他们制作节目和学习知识的能动性。另外,本人在跟随导师在实践教学的过程当中,尝试引入融媒体的教学模式,通过在课堂上制造广播和电视演播室的情境,通过APP的引入和融媒体工具的传播,充分地调动了学生的积极主动性,他们能够真正地感受到自己成为一名电台主播和主持人的体验,这种教学体验能极大地促进他们对本门课程学习的兴趣,兴趣的提高也正是能够促进教学的顺利进行。同时,分成了不同的小组,不同组的同学还可以通过在网络平台直播间或FM电台频道的互动、传播、交流,提升自我学习的意识,这种情境教学的引入,既丰富了课堂学习的形式,又丰富了教师授课的形式,改变了传统的理论性教学,真正地将理论与实践相互结合。而同时,播音专业的教师均为双师型教师,有着丰富的电视台、电台、新媒体的工作经验,学生在直播间进行节目制作时,遇到的问题教师则可以通过平日直播的经验直接地传授给学生,及时地解决了学生存在的问题。学生也有了更加主观的意识,看到和听到了自己存在的不足,及时地更正。

　　情境教学的引入,丰富了课堂内容,教师在进行课程设置的过程中要能真正地考虑到学生的能动性,要能充分地调动学生学习的感知力。要能让他们切实地感受到从被动学习到主动学习的过程。也让他们意识到,要具备怎样的一种思维方式,去面对未来的观众。

四、开发运用移动终端在教学中的作用

　　移动终端设备的普及,学生们早已经掌握了多种移动设备的应用,而教师不能还故步自封,也要与学生能够进行沟通。充分运用移动终端,并应用于教学中,让学生走出游戏,走进课堂。这就看教师如何开发和运用移动终端在教学中的作用。运用得当,则会为教学课堂增添色彩和丰富了教学的模式、形式。在互联网时代,师生之间的交流已经逐渐地变得越来越方便,微信的出现呈现了一个全新的平台微信公众号,在这里教师同样可以让学生进行实践操作,在公众号中建立自己的专业板块,在这里发挥自己的一技之长。课程作业以及教学相关内容的安排教师都可以通过互联网进行沟通和交流、布置。就播音主持教学而言,教师可以通过多种APP软件进行节目的录制,比如学习广播节目主持人时,为了能让学生充分感受不同广播节目主持人的状态,则在课堂上直接引入融媒体广播软件,让学生在课堂上真正地来了一场直播。

融媒体的发展,出现了越来越多的自媒体平台,比如喜马拉雅APP、蜻蜓FM、映客直播、壹直播等,在课堂中学生可以自行设置账号,分成若干小组,建立不同类型的小组划分。而这其中包含了电台节目所有的形式,与电台的操作流程一致,1个小时为一小组的直播。在这样的实践教学中,充分地运用了融媒体软件,当融媒体软件走进课堂时,学生进行了实际的操作,又丰富了课堂的教学内容。教师可以在实践操作中为学生进行指导,直播中的语言、状态、团队配合的默契程度等,都成为教师进行实际指导的重点所在。学生也可以通过其他学生的直播,进行对比研究,从而取长补短,丰富自己的节目。

五、拓宽专业内涵,拓展学生作品

当前,播音与主持专业课程在不断地提升学生的专业能力,塑造个性化的主持风格,适应融媒体的工作环境,发挥个人在团队中的重要作用。在融媒体时代,主持人要能具备一定的互联网思维,要能对自身的专业能力进行拓宽、拓展,而非单纯地单一化的职业能力。

教师在教学中要不断地提高这方面的意识,并不断地引导学生树立这样的意识,拓宽他们的专业内涵。同时,为学生提供多种融媒体平台,培养学生在融媒体平台个性化的主持方式,让他们呈现融媒体的播音语态和播音技巧,同时具备一定的个性化的评论观点。教师要努力拓展学生的作品,并能展现在实践教学成果中,并获取多方的评价,反复推敲创作过程和改进的建设性意见。

比如教师可以鼓励学生成立自己的广播电台,或者拍摄制作互联网视频,自己成为互联网视频中的主持人。在创建的这个节目中将重点围绕在现如今当下关注的新闻点,并以其合理地方式方法进行创作和播出。同时,教师要鼓励学生将节目上传和播放在多个自媒体平台中,以期获得点击率和播放量,并提前有意识地提升自己的行业知名度。

这样在实践中去教学，在实践中找到存在的问题，得到最大程度的改进。融媒体的不断发展，让越来越多的人生活中无时无刻地围绕着融媒体的诸多元素。融媒体时代让公众在获取信息的途径、渠道变得多种多样，人们接受信息的方式也逐渐地呈现了多元化。与此同时，由于融媒体碎片化的特点，人们可以在任何地点、地方进行视频的观看，合理地管理自己的碎片时间。同时，在这样的大环境下，人人都可以参与到融媒体中，成为新闻的参与者，节目形式也呈现了多种元素相互统一和结合。

基于以上原因，自由化的融媒体要求能够及时地掌握最新的动态信息，节目的形态不断地更迭变化，这对媒体从业者来说更是需要关注的焦点问题和必须深入研究的内容。而对于主持人来说，适时地适应融媒体的发展速度，熟练地运用融媒体技能，培养自身的融媒体思维，对他们日后的工作都具有极大的帮助。

人们开始关注艺术，关注主持人的发展，在这样的环境下各大高校开设的播音与主持专业则要进行深入的思考，教师也要进行全新的教学模式的改革，从教学的设置、人才培养方案的制定、教学内容的改革、教师互联网思维的确定等，都成为需要尽快解决的问题。研究中发现，教师的教学思维，正在逐渐地从初步转变—再度转变—深入转变，这样三个阶段发展。本论文从播音与主持专业在融媒体背景下的发展需要怎样的媒介从业人员，教师的教学思维如何转变以此更好地适应融媒体的发展，并能在教学中充分地运用互联网思维应用于教学中，为学生带来更加丰富的教学课堂，为社会培养出更多具备高素质的播音艺术人才。

第八章 融媒体时代播音主持教学思维的发展与创新

第一节 融媒体时代播音主持的专业定位

播音与主持艺术专业能够给有关的新闻宣传部门和广播电视媒体提供大量的专业人才，与此同时，也为更多喜欢播音主持专业的学生提供了一些选择的机会。尽管我国每年报考播音主持专业的学生都比较多，可是在媒体融合环境下还面临不少问题。因此，需要把播音主持专业发展与媒体融合环境统一起来。

一、播音主持专业受媒体融合环境的影响

媒体融合指的是各种各样的媒介所具有的多功能一体化的一种趋势，媒体融合最为明显地表现在于把传统的媒介，如报刊、电视等融合起来。媒体融合的依托是互联网技术、数字技术，把媒介的组织系统、终端系统、网络系统、内容系统甚至是媒介自身融合起来，表现出多功能、一体化的发展趋势。媒体融合是媒体改革的一种必然趋势，将手机、互联网、电视、广播、报纸等新旧媒体互相融合、互相渗透，为广大群众提供视频、音频、图片、文本等类型异样的媒体信息，让人民群众不再受到时空的制约，随意收集各种信息资源，并且可以最大限度地共享资源。媒体融合使得媒体运作的格局发生改变，加强了传播的效果，优化了传播结构。

二、媒体融合环境下播音主持专业教学的融合策略

由于媒体融合环境下的新闻传播方式和内容的变化，对播音主持专业教学的要求也越来越高。

(一)技能和知识的融合

知识能够外化为技术,内化为技能,技术的提高是以知识作为前提条件的,也是学习知识的最终目的。掌握知识的目的不是为了单纯地占有,而是为了提高各项技能,并且要提高综合素质。在课程教学中,需要把讲解播音主持的知识与运用知识融合起来,强化学生学习到的知识,提高学生的应用技能,以满足播音主持人员参与栏目的编辑、采访、策划等环节的要求。学生要想实现这个目标,就需要从练习有声语言开始,划分不一样的训练篇目,不一样的教学难点和重点,以顺利地对学生讲解知识和训练学生配音、新闻播读、语言表达、吐字发音等专业技能。

(二)跨学科进行融合

播音主持专业的学生需要学习各个方面的知识,因此,在人才的培养上,需要重视学科之间的融合,对学生实施跨学科的培养,应用有关教育资源实施融合性教学。把广播电视新闻、广播电视编导等有关联的专业加以融合,加强学习音视频制作、新闻写作、新闻采访,以及跟新闻媒体有关联的课程;结合学生所学习的广电一线规划内容,各自跟有关联的学科实施融合性的教学,比如体育、艺术、经济、法律、广告等,甚至还需要跟市场营销等专业融合起来,让学生在传播语言方面具有一定的优势,以担任非广播电视等方面的职位。实施双学位为主导或者是针对性地采用自助餐式的选修课作为学生的辅修课程。

(三)借助网络这个平台,实施网络为基础的播音主持专业教育

媒体融合的动画、图片、文字、视频、音频等多种元素的功能不具有单一性,能够以网络为平台有效地实施多样化的交流互动。这要求发布信息的人员具有应用网络技术的能力和输入文字的能力,除此之外,还需要具有一定的播音主持的技巧。由于受到版权或资金来源的制约,大部分门户网站使用最为普遍的是文字的互动交流,在发布信息的过程中就是文字形式的播报主持,由网站的文字编辑来担任文字主持人就行了。然而,随着视频与音频的日益增多,传统意义上的文字主持人就不知所措了。不但广大的受众群体要求视频和音频,而且视频和音频的播音主持要求达到一定的语言使用规范。

现实生活当中,一部分广播电视节目业已开始借助异样的媒体平台传

播信息资源。在一部分新闻类节目当中,主持人除了需要访谈、播报、咨询外,还需要借助网络、手机短信平台、电话实时跟受众群体实施信息资源的交流互动。播音主持的单一性媒体,业已不能够满足媒体融合的发展要求,在媒体融合的背景下,需要对网络的播音主持提出一些要求。

(四)实践和教学的融合

播音主持专业具有很强的实践性,因此一定要训练学生的实践技能。把校内和校外、实践和教学融合起来,多鼓励学生和社会融合,鼓励并提供条件让学生参加专业技能比赛,通过激烈的竞争,激发学生不断地上进。学校要创造条件跟地方的传媒产业合作,在合作中就可以使媒体发现学校培养的人才,促进学生就业,还能够提高地方媒体的社会影响力与收视效果,培养学生的实践能力。播音主持专业要尽可能健全实践基地,学校要建立一些长期的合作友好单位,给学生提供锻炼实践能力的环境,以使学生在真实的环境当中去感受社会对人才的真实要求。

在媒体融合的环境下,播音与主持艺术专业需要从思想上认识融媒体,行动上捕捉融媒体,发展上应用融媒体。只有这样,才可以使播音主持专业具有自己的优势与特色,为新闻事业输送更多的专业化人才。

三、播音与主持艺术专业的新定位

百度百科对播音与主持艺术专业的解释为:"播音与主持艺术专业培养具备广播电视新闻传播、语言文学、播音学以及艺术、美学等多学科知识与能力的复合型应用语言学高级专门人才。"要求学生掌握马克思主义、毛泽东思想、邓小平理论、习近平新时代中国特色社会主义思想的基本原理,具有较熟练的外语能力和扎实的文学基础,有过硬的汉语基础知识和流畅的普通话表达能力,能够掌握现代电子媒体技术,有一定的表演经验,能成为在广播电台、电视台及其他单位从事广播电视播音与节目主持工作的复合型应用语言学高级专门人才。[1]

播音专业从1963年在我国开设至今,已经发展为专科、本科、双学位、硕士和博士完整的培养体系,1998年教育部颁布的《普通高等学校本科专业目录》中,原来的播音专业被调整更名为"播音与主持艺术"专业。并且由之前的北京广播学院(如今的中国传媒大学)一家独秀,发展到现在遍

---

[1]程俊.融媒体时代播音主持的新定位探究[J].西部广播电视,2020(14):140-141.

布全国近30个省市和自治区,约200多家高校设置播音与主持艺术专业或方向,并且新的播音与主持艺术专业仍在不断筹建招生中。

第一,要改变思想观念,摆脱传统媒体的束缚,定位在融媒体时代。众多院校的播音与主持专业的定位都大同小异,因为在各个院校的建设和发展中,都和中国传媒大学有着千丝万缕的联系。中国传媒大学是我国开办最早的播音院校,其培养出来的很多人现已成为各地方播音院校的筹建者或建设者,一家独大的影响是后者定位趋于雷同,这种雷同会给很多实力一般的院校在人才培养方面带来很多负面的影响,其中的最大影响莫过于市场竞争力较弱。鉴于此,对于播音与主持艺术专业的定位,要考虑解放思想,摆脱单一的广播电视新闻播音传统定位,拓宽专业培养的途径,增加学生专业生存技能。

第二,认同网络平台,发展网络基础上的多平台播音与主持艺术专业。媒体融合的多元素音频、视频、文字、图片、动画在媒体融合的平台上,功能都不再单一,可以利用网络平台的便利进行即时多种形式的互动交流。这就需要信息的发布者除了具备文字的输入和相应的网络技术运用能力之外,还应该具备符合音视频应用规范的播音与主持技巧。多数门户网站由于资源或者版权限制,应用最为广泛的是文字的交流互动,在进行信息发布时就是文字形式的播报主持,文字主持人由网站的文字编辑担任即可。但是对于越来越多的音频和视频资源的涌现,传统的文字主持人就无暇应对了。不仅仅因为广大受众对于音视频的要求,更主要的是音视频的播音和主持需要符合相应的语言表达应用规范。现实中,一些广播电视节目中已经开始利用不同的媒体平台进行信息的多项传播了。一些新闻节目中,除了主持人进行咨询播报访谈之外,还利用电话、手机短信平台或者网络即时和受众进行信息的反馈和互动交流。

第三,巩固专业教育,提供社会教育。播音与主持艺术专业在成立之初的定位就是为了给广播电视媒体培养播音与主持人才。媒体融合中自媒体的出现,使得媒体平台更加广大,也使得播音与主持艺术专业人才培养领域更宽广。创造和分享音频、视频、图片和动画的工具越来越普遍地"飞入寻常百姓家",每个人都可以通过家用媒体设备和终端,参与到节目的采编播当中。因此,每个人都有可能利用设备进行音频和视频制作,甚至包括配音、节目主持这些先前由专职播音员或主持人才能进行的工作。

这样,在媒体融合的发展环境中,播音主持的专业教育和社会教育的界限就会越来越模糊。

总之,播音与主持艺术专业应该在媒体融合环境下从观念上接受融媒体,行动上捕捉融媒体,发展上利用融媒体,方能继续保持中国播音与主持艺术专业的特色和优势,为中国特色的新闻事业培养更多更优秀的人才。

第二节 融媒体时代播音主持的创作样态和创新空间

一、现场直播报道的即时编排性

以数字化为基础的新传媒技术的发展,使得信息传播方式日趋便捷,传播速度和资源利用效率提高,增强了电视直播的时效性和信息量。早期的电视新闻现场直播多为一地实况转播,将正在进行的新闻现场的声音和图像信息,结合播音员的讲解,通过电视传送给观众。演播室直播连线通常采用记者事先到达新闻现场采集新闻编辑稿件,经过审核,在演播室直播节目中按照预先稿件内容播出的方式,播音员主持人的播出相对于稿件编辑具有滞后性并且周期较长。现场直播报道中主持人的基本模式是在演播室伴随实况转播进程,与嘉宾互动点评、组织串联,适时引入记者连线报道前方状况,插播专题片介绍相关背景以及实时根据网络融媒体信息解读、反馈等方式,这就需要主持人实时关注把控节目进程、各方话语份额,具备即时编排意识。随着电视直播的发展,实时评论的速度、深度和吸引力成为一个电视新闻媒体树立权威感、扩大影响力的核心竞争点。尤其在重大新闻事件的现场报道中,直播连线从单点报道向多点联动报道发展,增强了新闻传播的立体感、现场感、动态性和时效性。2013年2月9日的《新闻联播》首次引入10路直播信号,全方位地展现祖国各地喜迎新春的场面,创下了多点直播的历史。直播中的主持人、受众、信息和现场连线中的记者、嘉宾同时存在于一个传播场,同步接收分享信息,极大地缩短了主播与观众的心理距离,增强了传播的亲和力和时效性。

二、交互式场域的主流引导性

"场域"理论源于社会学范畴,指人的行动受所在场域中他人行为及诸多因素影响。这里的场域特指在新闻节目播出过程中,由主持人、嘉宾、评论员、多媒体信息等各要素共同构成的新闻演播室环境。在融媒体技术的影响下,新闻演播室由单纯的信息发布中心变成网络枢纽和平台,多重身份的人员、多层次信息在演播室汇聚,他们相互影响,动态发展,实时产生新的信息并由新闻主播主导传播。新闻主持人是这个交互式场域中的把关人和引导者,需要把握引导主流观点的传播,帮助受众辨别信息。随着融媒体演播室的逐步普及给播音主持形式带来了新变化。

通过全媒体演播厅的大屏画面,主持人可以解读上面的画面、文字、数据,对新闻进行深度加工,与大屏之间形成双向互动;通过演播室兼容设置的网络和多外来信号的接入,节目可以对不同类型的背景信息和互动信息进行展示。演播室内容通过多媒体技术平台、演播室多种播报形式,将新闻资讯在演播室各显示设备、主持人、观众之间进行全方位互动,实现了在有限演播室的传统媒体与融媒体的融合和交互发布,拓宽了观众的参与面,增强了新闻节目的交互性,实现了演播室资源的全媒体共享。今天的全媒体演播室中,主持人正是将文稿信息、视频信息、网络信息、互动数据信息有效整合,实时编排,报道播出,观众接收到的已经是融媒体新闻信息。

融媒体技术时代不仅是对新技术应用的领悟,更多的是传播观念和思维方式的变革。电视新闻传播从单纯内容生产到信息关系平台的搭建,从数字化、网络化运行到虚拟技术大数据的应用,从"点对面"的传统信息传播方式到针对移动服务器进行个人化、碎片化的多渠道网络分发,电视已经从最初的开办网站和简单在网络上进行电视新闻节目重播,转变为深层次的观念转变和思维调整。电视新闻数据化的尝试,就是在新技术背景下以了解用户、增强服务为出发点的有益探索,也只有在这一基础上构建的内容和样态,才能为当下新闻工作者和主持人提供新的竞争点。

在传统媒体时代,播音主持经过多年发展,已经有了自身完善的流程和格局,播音主持的运行和管理已经基本规范,播音员和主持人的风格和形式被受众所接受。但是随着融媒体的快速发展,原有的播音主持行业出现了新的特征,需要自身加快创新进程,才能更好地适应时代的发展。

三、融媒体环境下播音主持的新特征

在探讨融媒体环境下播音主持的新特征之前,有必要先了解融媒体环境下信息传播的新特征,正因为信息传播发生了变化,播音主持才出现了新变化,呈现出新的景象。

融媒体环境下,信息传播的发布者、传播者和接收者都有了变化。在传统媒体时期,信息传播的发布者和传播者都是报纸、广播和电视,接收者为受众,且受众多为被动接收,在选择性上和反馈性上都较差。但是在融媒体环境下,信息传播的发布者范围扩大,任何一个受众都可以成为信息的发布者。传播者也不局限于媒体,互联网的出现让信息的传播变得更为便捷,整个互联网及各类在互联网上使用的软件都可以成为传播者。接收者虽然还是受众,但是这里的受众范围无限扩大,包括媒体本身都被认为是融媒体环境下的受众,都成了信息传播的接收者。

因此,当信息传播已经出现了新景象的情况下,播音主持也相应地出现了新特征,主要有以下几方面。

(一)播音主持的身份多元化

融媒体环境下,播音主持的身份发生了变化。原先在传统媒体中,播音员、主持人基本来自播音主持专业出身的人员,或者是在播音主持行业从事多年的人员,有着一定的理论基础和实践经验,绝大多数都持有广播电视部门所颁发的从业资格证。一方面,出现了跨界主持人,即原本身份为学者、教授、歌手、演员等进入播音主持领域,担任节目的播音员、主持人;另一方面,出现了不同领域的播音员、主持人跨领域播音主持,即原本为新闻节目主持人去主持体育节目、娱乐节目等。主持人身份的多元化,为节目带来了不一样的风格变化,成为融媒体环境下的一种有益尝试。

(二)播音主持的形式多元化

播音员、主持人在传统的观念中,主要是作为串联、衔接节目内容而存在,节目的重心还是在节目内容本身和嘉宾、演员身上。一般情况下主持人数量也不会设置太多,这是为了突出节目重心,避免主持人喧宾夺主。但是在融媒体环境下,主持人的作用得到了加强,主持人更多地参与进节目本身,互动性也更强,能够更好地推动节目的进展。比如在民生新闻节目中,主持人对于民生新闻事件从以客观报道的形式,转变为使自己进入新闻事件中,与事件当事人共同完成新闻发生过程。在娱乐节目中,有时候主持人的数量比嘉宾和演员还要多,整场节目通过主持人之间的不断互动来引领嘉宾和演员完成节目。

(三)播音主持的平台多元化

在传统媒体时期,播音主持的平台是广播和电视,但是在融媒体环境下,播音主持有了更多的平台。当前,网络节目已经非常丰富,由大型视频网站制作的网络视频节目也成了播音主持的新平台。同时,视频自拍网站的兴起,也让播音员、主持人能够自行制作视频,自由发挥自身特点,这又为播音主持提供了新的平台。

四、融媒体环境下播音主持的创新发展策略

融媒体环境下,播音主持更需要适应新环境和新特征,努力创新发展,才能更好把握机遇,赢得受众青睐。

(一)在自身业务能力上创新发展

融媒体的发展,带来了更快的信息传播速度,这也要求播音员、主持人在信息处理上拥有更高的业务能力。尤其是在新闻类播音主持上更是如此。对于重大新闻事件,现场直播内容增多,现场连线环节增多,这就需要播音员、主持人能够尽快熟悉新闻时间的来龙去脉,尽快了解新闻现场的环境氛围,尽快捕捉声音图像与相关人群,在最短的事件内做好直播的准备工作。在播报新闻时,要尽量用简洁的语言来描述新闻事件,用口语化的形式来做好现场介绍,同时针对受众最为关心的问题来进行重点说明。

除此之外,跨界主持人越来越频繁地出现,也对播音主持的业务能力提出更高要求。如果现有主持人不能尽快提高专业素质、提升文化内涵、扩充眼界视野,那么就可能会被优秀的跨界主持人赶上并超越,现有主持人就会有下岗之虞。[①]

(二)在自身风格特征上创新发展

融媒体环境下,网络视频节目得到了飞速发展,如今各大视频网站大多都有自制网络视频节目,并且也都取得了良好的口碑,如爱奇艺视频网站的《奇葩说》,腾讯视频的《吐槽大会》等。这既带来了节目的多元发展,

---

①李琳.融媒体时代播音与主持专业教学创新探究[J].中国广播,2020(02):52-54.

也要求播音员主持人在自身风格特征上多元发展。前文提到,播音员、主持人已经不再满足于单纯的串场功能,而是更多地参与进节目内容中去,这样播音员、主持人的自身风格特征就必须与节目本身相得益彰。根据主持人的风格来选择节目风格和根据节目风格选取合适主持人,这才能够造就二者双赢的局面。当下播音员、主持人既要求能够在宏观上把握国家政策和社会发展大势,也要能够接地气地了解普通受众的思想生活,还要能够通过自身风格圆满体现节目内容。

(三)充分利用融媒体形式创新发展

传统媒体的优秀电视节目如今基本上都可以在网络上看到,并且使用网络观看的人数呈上升趋势。在网民越来越喜欢通过手机观看视频节目的大趋势下,播音主持也要充分利用融媒体展开创新发展。例如:融媒体的一个重要优势就是互动性,在即时评论、弹幕等互动方式逐渐风靡的今天,播音员、主持人也要通过这些方式展开互动。如《金星秀》节目中,主持人金星会提醒观众通过手机微信"摇一摇"功能参与直播互动,也可以在节目官方微博下留言进行互动。这样的传统媒体与融媒体互为融合的例子比比皆是,也成为充分利用融媒体的有效典范。

融媒体环境下,播音主持面临更大的机遇,也要迎接更多的挑战。播音员、主持人要对融媒体环境有着更为清醒和前瞻的认识,早日融入融媒体环境中,这样才能在未来的播音主持发展中立于不败之地。

第三节 融媒体时代播音主持的发展途径

一、明确播音主持原则

在融媒体快速发展的历史时期,媒体被赋予了新的时代特色,媒体资源具有海量化特点,获取资源具有畅通化特点,媒体形式具有多样化特点,使受众的选择余地更加宽泛,因而要求融媒体语境下播音主持必须进一步体现自身特色,建立新的原则。要将时代特色作为融媒体语境下播音主持的首要原则,同时还要进一步提升自身的开放性,播音员、主持人要学会与受众进行交流,最大限度地倾听受众对播音主持的意见和建议,改进播音主持栏目以及播音主持人的主持风格,不仅体现出对受众的尊重,同时也能够推动播音主持创新。①

二、牢固树立开放理念

对于融媒体来说,开放性是其最大的特点,播音主持要想更好地适应融媒体语境,就必须牢固树立开放理念,坚持以人为本与以物为本相结合,特别是要把市场经济理念引入到播音主持体系当中,将服务意识与商品意识紧密结合起来,将播音主持当成一种商品,着力打造服务品牌,充分了解受众的需求。在融媒体语境下树立开放理念,还必须提升播音主持人的采、编、播能力,使自己成为复合型主持人,这样能够使播音主持节目更具真实性和情感性。

三、着力强化人文精神

人文精神是社会信仰、价值观念、道德情操的集中体现,播音主持人只有具备良好的人文精神,才能与受众形成广泛的共鸣,这也是融媒体对播音主持提出的新要求。这就需要播音主持人必须把"三贴近"落实到位,在播音主持的过程中,既要传播信息,更要传播人际。融媒体语境下,播音主持还必须牢固树立"亲民化"的精神,不仅要体现在主持风格上,而且也要体现在播音主持内容上,要让受众通过播音主持有所感悟、有所思考、有所收获,进而提升受众认知力。

第四节 融媒体时代播音主持人才培养模式的转变

一、明确科学思路

(一)借鉴言语沟通学

播音与主持艺术专业是中国特有的专业,外国对播音员、主持人的培养并没有细化成为一门独立的专业进行研究,一般只放在口语传播专业之中。口语传播专业的学科基础是言语沟通学,也被翻译为口语传播学。该

---

① 王馨卉.融媒时代高校播音与主持艺术专业实践的教学创新与应用[J].传播力研究,2019,3(34):161.

学科源自古希腊,已有两千多年的学术研究和理论实践历史,在时代的发展中不断完善,研究视野宏大,专精并蓄,是一门成熟而古老的学科。

所谓主持传播能力,不是一种单纯的技能技巧,而是一种建立在相关学科知识体系平台之上的口语传播能力与人际沟通协调能力。在媒介融合信息传播多元化、碎片化、分众化的趋势下,播音员、主持人不再以单向传播者角色存在,取而代之的是一个沟通者、互动者、协调者的角色,而言语沟通学中的人际沟通、公共传播、组织传播、小团体传播等理论正对媒介融合背景下的播音与主持传播有着极强的针对性和指导作用。言语沟通学属于传播学学科范畴,是一门把口语(Speech)沟通放在整个传播大环境中研究的一门古老的学科,具有强大的生命力。

(二)发展主持传播学

"主持"最早出现于美国20世纪20年代,我国主持人的出现比国外足足晚了60年。我国对主持人的专业培养,与国外一直放在口语传播专业或演讲口才专业下不同,主持从刚出现就被认定为是"播音"的一种形式被直接并于播音专业之中。"主持"一直以来并没有针对自身的独立的学科理论,其教学理论基本是在播音学的学科体系上延伸出来的,即以播音员的专业理论体系培养主持人。随着主持人节目的不断增多,主持人群体的不断涌现,针对主持人相关的学科理论才有了一些发展的苗头。

融媒时代,不论播音员还是主持人都没有严格的角色区分,甚至出现主持人的显性角色被逐步淡化的现象。比如在《爸爸去哪儿》节目中,主持人李锐以"村长"身份出现等。主持人逐步隐藏于节目当中,在节目内容的编制里充当起了一个更为自然的角色。而随着节目越来越丰富多元、新闻资讯类节目越来越固定,新闻主播、新闻播音员等对于"播音"的需求也相对变少,播音更偏向于作为主持的一种形式存在于视听节目中。传统针对播音的理论已难以指导愈加多元化的主持传播的具体实践。

由于主持传播学出现不足10年时间,基本围绕主持传播的特点、动因、环境、符号、受众、主体等方面展开,理论脉络完全借鉴传播学理论,还未建成自有的独立体系。在主持人群体越来越大,节目主持需求越来越强烈的今天,学界更需要积极发展属于主持人独立的理论体系,以指导融媒体时代的播音主持业务实践。1982年1月,著名播音教育家张颂为推动播音专业教育发展发出了"研究播音理论是一项紧迫任务"的呼吁,在融媒时代的今天,不仅要继续完善播音理论,更要加大对主持传播理论的关注和研究。

(三)提升中国播音学

中国播音学是我国播音主持学科的一个核心,也是我国独有的一笔宝贵的财富。中国播音学成熟于广播电视事业快速发展时期,具有明显的中国特色,是我国广播电视工作者和专家学者总结下来的精华。随着时代的发展,中国播音学也要在原基础上不断丰富、不断革新。

中国播音学独具艺术性,最初的理论汲取话剧、声乐、戏曲等众多民族艺术的理论精华,基本脉络大体分为五个部分:学科导论—发音与发声—创作与表达—广播播音与主持—电视播音与主持。随着媒介壁垒逐渐被打破,广播播音和主持与电视播音和主持这种以媒介作为划分的体系形式需要进行革新与提升,随着信息传播多元化趋势,发音与发声、创作与表达等理论也需加入更多时代的元素。提升中国播音学理论水平,使中国特有的、独具艺术性的播音理论与融媒时代瞬息万变的信息传播发展结合起来,建立出独具中国特色的、可持续发展的中国播音主持艺术学科体系。[1]

在媒介融合的背景下,播音主持艺术专业的学科定位只有以艺术学为起点,融合传播学的视角,进一步加强与广播电视学的交叉与融合,明确播音主持艺术专业的艺术性与其传播属性之间的关联,才能获得更开阔的视野。新时代我国播音与主持艺术专业应站在传播学与艺术学视角下进行重新审视和定位,融合多学科的精华,建立以中国播音学、言语沟通学和主持传播学三大学科理论为基础的播音与主持传播艺术学科理论体系。

二、拓宽目标格局

1999年教育部对1998年颁布的《普通高等学校专业设置管理规定》进行了修订,其中在总则第一章第二条明确指出:"高等学校的专业设置和调整,应适应国家经济建设、科技进步和社会发展的需要,遵循教育

---

[1]董亮,李克振.融媒体时代背景下播音与主持艺术专业人才培养模式探究[J].人文天下,2020(20):108-110.

规律。"

然而,现阶段不少院校的专业设置和教学目标严重滞后于市场,使自身变成了脱离时代的夕阳专业,播音与主持艺术专业的人才培养出现了较为严重的滞后性。一些高校专业设置目标落后,专业理念因循守旧,致使专业教育畸形发展。

融媒时代是多元化的时代,高校播音与主持艺术专业应紧跟媒介时代的发展,从单一地面向传统广播电视业的培养目标上挣脱出来,积极培养适合新传媒时代的融合性播音与主持艺术专业复合型传媒人才。

(一)专业发展的自身需求

播音与主持艺术专业发展呈现出的多重矛盾,早已引起了学界和业界的高度关注。不少专家学者一再呼吁要缩减播音与主持专业的办学规模,一方面在于当前播音与主持教育资源严重短缺,无法承载如此庞大的招生规模,另一方面是由于业界对播音与主持专业人才数量上的需求渐趋饱和,更应缩小专业规模,集中力量培养更多高质量的精英主持人。

然而,对播音与主持专业进行规模性的节流只是治标之策,难以解决长远发展的问题,要使播音主持专业教育实现可持续发展,必须进行网络化开源的改革,拓宽专业培养格局才是治本之方。

我们把目光投向海外,在欧美等发达国家学科研究高度细化的背景下,也没有设置独立的播音与主持专业,而是在口语传播专业或演讲与口才专业下培养此类人才。培养目标定位于培养具备表达、思辨、人际互动、冲突解决、演讲口才、文化包容等沟通能力的专业人才,培养范围极为广泛。而我国播音与主持学科专业培养格局相比之下甚为狭窄,一味面向传统广播电视的培养目标既无法保证人才输出的有效性,也不利于学科实现可持续发展。

(二)融合媒介平台的人才需求

专业培养格局急需拓宽,而融媒时代的到来正为我国播音与主持艺术专业提供了发展的可能。融媒体时代,网络主持人的需求急剧上升,除了第二章第二节提到的综合门户网站主持人、专业视频分享网站主持人、IPTV主持人、互联网电视主持人、手机电视主持人外,还有各式各样的自媒体主持人。这些主持人一般没有经过专业化的培养,主持人素质参差不齐,在多元个性充分展现的同时也极为需要专业上的规范化。这种对专业性的需求就为播音与主持艺术专业的发展提供了极大的可能。针对融媒体主持人的理论建设、人才培养、专业设置成了播音与主持艺术专业未来发展的一大方向。

三、转变人才理念

媒介融合的实质是媒介壁垒打破带来的内容、组织、网络、规制、终端的融合。事实上,媒介形式在媒介融合过程中不断突破、不断创新,播音主持专业人才培养改革的突破点就在于培养出可以跨越不同媒介平台,突破各种媒介形式限制进行高质量内容产制的语言传播工作者。

(一)传统播音的二次创作

国内国外对主持人的理解并不相同,我国播音主持事业的发展伴随着各项事业的发展成长,特殊的工作性质与历史任务使播音员、主持人从一开始就具有专岗化的特点,专岗化一般特指在话筒前、屏幕前直接向听众、观众进行有声语言传播的专业工作者。

传统播音的二次创作,指的是创作主体站在媒体的立场,在文字稿件基础之上进行的观察、体验、分析、综合,以及加工提炼,经过艺术构想,最终以有声语言加以表现的创造性劳动。二次创作突出的是对语言的艺术性创造,比如其中强调的"三性"包括规范性、庄重性、鼓动性,"三感"包括时代感、分寸感、亲切感。当然,传统播音教育也有针对即兴表达的一次创作的培养,包括了现场口头报道和即兴评述等口语播音的课程。但是,在实际教学的过程中,基于有稿播音的培养仍然是教学上比重最大的一部分,在课程设置上除即兴口语表达和播音创作基础外针对声音艺术化表达的培养的课程至少有四门。

(二)全能主持的内容生产

融媒体时代内容生产流程越来越简化,要求播音员、主持人必须具备全方位信息产制的能力,并作为主导节目的灵魂出现,彰显出特有的个人魅力。而我国现在的播音主持专业教育人才培养理念上侧重声音艺术化表达的培训,而把主持人在内容生产流程中全方位的产控能力放到了次要位置。

四、完善教学环节

(一)专业文化培养环节

1.专业文化知识为主的培养

无论媒介时代如何发展变化,媒介形式和传播如何不断革新,内容还是传播过程中的核心要素。在内容为王的时代,主持人只有在自己主持的节目内容方面具备专业化的知识,才能引起受众的关注,赢得受众的尊重和信任,从而取得良好的传播效果。融媒时代信息传播超细分化更要求主持人要走专业化道路。可惜大部分这一类型的主持人并不出自播音与主持艺术专业,这不仅让人们反思现今的播音主持艺术专业教育,同时也为播音主持艺术专业人才培养的改革指明了道路。

因此,在融媒体时代,不仅要保持播音与主持艺术专业一向重视文学艺术素质培养的课程设置特色,更应该根据学生不同的兴趣,加大各种不同类型的专业选修课的开设,例如经济学、教育学、心理学等系列化选修课程,尤其需要鼓励学生选定特定一个领域的文化方向进行习读,提高针对性。

2.综合知识援助平台的构建

随着媒介融合不断推进,主持人节目直播化的趋势越来越明显,节目制作流程越来越简单,这要求主持人在具备某一领域专业知识的同时,也要多方涉猎其他领域的知识,构建起多学科综合知识援助平台,包括文学、艺术学传播学、社会学、政治学等诸多学科的基础知识,那么在面对日益简化的融合内容生产流程和交流互动日益增多的内容产制时,播音员、主持人才能结合不同的语境和情况提供多角度即时的解读。

在此方面,可利用必读书目考核的形式展开,要求学生通读多领域学科概论的论著并完成必修的考核报告以获得相应学分。而这一系列的必读书目也可以由4~5个领域构成,设置多个形式的书单组合让学生自由选择偏重的知识门类,但必须覆盖到主要的社会学科,以培养学生的语言思维能力和对信息内容的延展能力。

(二)融媒素养培养环节

1.媒介素养——从单一传播到双向互动

高等教育对传媒人才的培养一直强调培育学生的媒介素养,在任何时代,媒介素养都应是一名合格传媒工作者的必备素质。在媒介发展瞬息万变、一日千里的大环境下,培养播音员、主持人这个守门人的媒介素养更是显得尤为重要。媒介素养一般来说,指的是公众对于当前媒介时代发展的认识和关于媒介的知识,而对于传媒工作者和专业教育的主体则是指其对自己职业或专业的认识,和对当前媒介环境的理解及其表现出来的个人素质和职业素质。

在广播电视事业快速发展的背景下,主持人队伍急剧膨胀,质量参差不齐,并出现了部分主持人媒介素养低下的现象,比如个人至上,哗众取宠;娱乐至上,收视至上等。究其原因还在于高校对于主持人的选拔标准和培养结构过于重视"声"与"貌"两方面,而对媒介素养的培养没有切实到位。

融媒时代是受众中心化的时代,也是人人都是主播的时代,要在自媒体时代体现出职业播音员、主持人特有的价值,必须要求其自身有独特专业素质和把握媒介发展的能力。

这就要求高校在培养播音员、主持人的时候,在着重于发声、语言表达等专业内容之外,更要把媒介素养教育课程的覆盖力稳步提升,增强学生对新媒介的特征把握、媒介信息的选择、媒介与社会的互动关系理解、媒介理解与质疑评估等方面能力,把媒介素养的教育落到实处。

2.创新意识——从单一分工到自主生产

人们对于信息的接受能力是有限的,在多元信息充斥的海洋中筛选出有效信息并非易事,主持人必须在内容生产的过程中具备创新意识,生产出具有鲜明色彩的节目内容才能吸引用户的选择和关注,在节目内容同质化严重的生产环境下一枝独秀。

媒介融合下对主持人的角色定位大大转移,从单一的负责有声语言表达的采编播合作型主持人,到负责全方位信息产控的采编播合一型主持人转变。作为节目的一个把关人和舆论领袖,主持人必须在节目中不断创新,才能生产出质优形美的品牌节目。

从笔者对多所学校课程设置的研究可见,高等院校培养播音主持虽重视专业教育但是缺乏特色培养。一般课程开设不外乎普通话语音、播音发声、播音创作基础、节目主持、新闻播音等专业技能的培养,雷打不动的专业课程使播音与主持的人才生产就如同一条工厂生产的流水线。因而,在融媒体时代播音与主持高等教育课程设置上需要增设一系列个性开发、思维开发课程,建议引入心理学对个性开发的系列课程,让新时代的主持人更具创新意识、更能展现出个人魅力。

3.品牌素质——从平台宣传到个人品牌

融媒体时代媒介平台多元,受众可以全方位地接触播音员、主持人生活的各个方面,只需要打开微博、播客等平台就可以知道主持人的最新动态,播音员、主持人在实际传播中逐步走下神坛,走向群众。过去以节目收视率作为标准的评判十分模糊,而今天对主持人的评判变得具体而真实,粉丝量、评论数、转发量,每一个数字都代表着主持人的影响力和体现了融媒体时代传播手段多元化,主持人除了打造媒体品牌外,还需利用各种自媒体平台打造个人品牌,增强自身影响力和话语力。

"品牌"本身是一个市场化的概念,在第一媒介时代,话语权掌握在传媒集团手中,主持人只能依赖传统媒介平台进行宣传,在打造媒体品牌的同时宣传个人品牌。但是在受众中心化的时代,信息传播就像一个庞大的市场,主持人自身就必须把自己当作一个品牌来经营才能在媒体品牌和个人品牌中形成良性的互动和循环。

如何提高播音与主持专业学生的品牌打造能力?可以从三个方面入手:一是精准的个性化定位,高等学校应该在培养人才阶段就鼓励学生积极寻找自我的个性化定位,专业老师需充分接触学生,因材施教,在教学中充分挖掘学生的个性化特质,学生也需在具体的媒体实践中开发个性;二是独特表达方式,在明确自己的个性化定位之后,就需要按照自己明确的方向进行语言特色和语言风格的打造,让自己成为一个无法被别人复制的语言符号,这部分环节是学生自主学习的阶段,也是需要通过长期的品牌积累和培养才能够达成;三是个人独立表达空间;个人可以通过新媒介等手段,比如微博、微信公众号、播客等平台打造个人品牌,亲近群众。在校期间,老师应该多运用媒介手段和设置相关教学任务,让学生通过多媒体手段在自媒体平台上持续发布个人作品,尝试聚拢人气,逐步培养个人品牌意识。

4.主体意识——从依靠平台到争占平台

开放式的传播环境要求专业传媒工作者有更高的主体意识。自媒体时代,传播渠道不再紧紧地拴在传媒集团的手中,媒体作为一种公器,可以被大多数人所运用。作为专业的传媒人,应该比一般群众更具有媒介主体意识,而作为信息传播守门人的专业播音员和主持人,主体意识应更为强烈。

融媒体时代的一切都处在变化发展之中,技术的更迭,媒介的交替,大至社会文化层面,小至每个人的日常生活起居,都被深深地打上了融合的烙印。这是一个多元化、网络化、数字化、碎片化的信息社会。科学技术是第一生产力,信息传播的方式、形式特征随着技术的发展不断被赋予新的内涵,经济、政治、文化、社会都因此发生着重大的变革。媒介发展直接对各行各业的人才提出了更高的要求,传媒人才一马当先。

我国播音与主持的起源与国外有别,外国的主持人最开始就是为满足娱乐文化节目的传播需求出现的,而我国的播音与主持最初就具有强烈的政治性、新闻性。在学科理论不断地发展中,我国播音与主持专业慢慢具有了浓厚的艺术性,由此形成了独具中国特色的播音与主持艺术专业。

然而,随着媒介时代的不断发展以及人们生活水平的不断提高,播音与主持艺术专业开始慢慢出现了滞后的现象,事实上,在媒介壁垒逐渐模糊的今天,以广播、电视等媒介形式为培养体系划分的依据已经不能指导当前实践,播音与主持学科理论急需随着时代的变化而发展提升。

事实上,针对以上情况,有不少高校已经开始重视起对于新时代融合型播音员、主持人的培养。但现实的情况是,绝大部分高校在培养融媒体播音员、主持人的过程中思维十分局限,有的只把融媒体主持人当作一个方向培养,有的只在原有课程上增设一两门课程。究其原因,很大程度上在于我国的播音主持教育工作者自身就是经过传统体系培养出来的,要突破传统教学模式有一定的路径依赖和思维难度,因而出现了萌生改革想法却依然因循守旧的现象。要培养出适合时代发展的播音员、主持人,必须从播音与主持艺术专业的学科入手,从学科定位、培养目标、培养方向重新思考和定位,突破传统广播电视格局的限制,切实把人才培养改革提到关系学科存危和发展的层面上来,动员全体播音与主持教育队伍的力量探索新的理论和框架,才能使独具中国特色的播音与主持艺术专业实现可持续发展。

参考文献 REFERENCES

[1]吴郁.主持人思维与语言能力训练路径 修订版[M].北京:中国广播电视出版社,2013.

[2]王彪.主持人思维与表达[M].北京:中国传媒大学出版社,2017.

[3]程俊.融媒体时代播音主持的新定位探究[J].西部广播电视,2020(14):140-141.

[4]楚喆.自媒体传播时代下的播音主持人才培养研究[J].传媒论坛,2021,4(03):81-82.

[5]高鹏飞.融媒体背景下的播音主持素养探析[J].新闻传播,2020(21):98-99+102.

[6]韩米.播音主持艺术创作的思维运用研究[D].南昌:南昌大学,2019.

[7]胡培茂.初论播音主持创作中的艺术思维方式[J].中共济南市委党校学报,2017(03):122-124.

[8]敬肃宁.播音主持专业口语表达能力提升研究[J].传媒论坛,2021,4(05):67-68.

[9]李琳.融媒体时代播音与主持专业教学创新探究[J].中国广播,2020(02):52-54.

[10]李欣刚.张颂在播音主持发展中的独到见解与借鉴价值研究[J].西部广播电视,2013(12):101+104.

[11]刘斌.融媒体语境下播音主持专业的应对思考[J].新闻采编,2019(06):34-35.

[12]梁亚宁.融媒体时代播音与主持艺术发展策略[M].长春:吉林大学

出版社,2018.

[13]孟庆玲.探析广播节目在融媒体环境中的发展[J].传媒论坛,2019,2(24):38.

[14]穆宏.播音主持学理论[M].北京:九州出版社,2018.

[15]孙国栋.播音主持实用训练教程[M].北京:中国传媒大学出版社,2016.

[16]熊萍.播音与主持新论[M].长沙:湖南大学出版社,2017.

[17]杨沂.融媒体时代播音主持的创新发展分析[J].传媒论坛,2020,3(20):56+58.

[18]姚忠呈.新时代融媒体环境下播音主持专业教学问题探究[J].江西电力职业技术学院学报,2020,33(10):34-35.

[19]张晓东.浅议融媒体时代广播节目如何创新[J].中国报业,2021(06):96-97.

[20]赵宇.浅谈播音主持过程中思维能力的重要性[J].中国报业,2013(06):84.

[21]周瀚石.浅谈播音主持职业素养及养成[J].新闻研究导刊,2020,11(15):77-78.

[22]朱兰欣.融媒体时代下播音主持专业教学方向的新定位[J].新闻研究导刊,2020,11(03):122-123.